张唐之说

与一位企业导师的心灵对话

凌龙 / 编 著

企业管理出版社
ENTERPRISE MANAGEMENT PUBLISHING HOUSE

图书在版编目（CIP）数据

张唐之说 / 凌龙编著 . —北京：企业管理出版社，2017.9
ISBN 978-7-5164-1569-6

Ⅰ. ①张⋯ Ⅱ. ①凌⋯ Ⅲ. ①企业经营管理 – 研究 Ⅳ. ① F272.3

中国版本图书馆 CIP 数据核字（2017）第 194961 号

书　　名：张唐之说
作　　者：凌　龙
责任编辑：徐金凤　黄　爽
书　　号：ISBN 978-7-5164-1569-6
出版发行：企业管理出版社
地　　址：北京市海淀区紫竹院南路 17 号　　　　邮编：100048
网　　址：http://www.emph.cn
电　　话：编辑部（010）68701638　发行部（010）68701816
电子信箱：qyglcbs@emph.cn
印　　刷：北京宝昌彩色印刷有限公司
经　　销：新华书店
规　　格：170 毫米 ×240 毫米　16 开本　14.75 印张　170 千字
版　　次：2017 年 9 月第 1 版　2017 年 9 月第 1 次印刷
定　　价：48.00 元

推荐语

陈春花（北京大学国家发展研究院教授、山东六和集团原总裁）： 张唐之先生之所以在农牧行业拥有巨大的影响力，不仅仅是因为他先后创办了山东六和集团与亚太中慧集团两个行业领先企业，更在于他根植于农牧行业，根植于父老乡亲，持续推动行业进步的贡献。他对于人在企业经营中价值贡献的理解，对于农牧行业的理解，使得人和行业的价值得以释放；他对于员工学习成长的关注和投入，不仅仅在企业内部，还延伸到合作伙伴与整个行业之中；他的企业家精神、商业精神以及深刻的思考，更是令人钦佩。

秦朔（著名财经观察家，《南风窗》杂志、《第一财经日报》原总编）： 张唐之先生是中国最值得关注却又被忽略的企业家和商业思想家之一。

蔡辉益（中国饲料经济专业委员会理事长、中国饲料工业协会副会长、中国农业科学院饲料研究所原所长）： 踯躅独行的唐之先生对农牧行业有一种情怀、一种责任，其渗透在企业经营中的“人本”和“利他”哲学理念直指人心，发人深省。在这个快速变化的时代，他能够跳出管理看管理，以出世的精神来入世。他把对农牧行业的关爱之心渗透在言谈举止之中。他身上所表现出的企业家精神令人钦佩，也是一笔值得传承的宝贵财富。衷心推荐此书。

付文阁（中国农业大学 MBA 中心主任、博士生导师）： 张唐之先生不仅是卓越的企业领袖，更是有口皆碑的行业领袖。他在农牧行业的巨大影响力，不仅源于其创办的两个百亿级企业，更由于他的经营管理思想深深地影响了整个行业的发展与变革。凌龙善于观察、勤于思考，又有在希望集团宣传部部长位置上的长期积淀，他所编著的这本书确实值得一读。

赵明（中国市场学会农业专业委员会理事长、辅音国际董事长）： 张唐之先生基于对农牧行业的热爱和对人性的洞悉，开创了共生共赢的“六和模式”和“中慧模式”。他的利益取舍观和文化偏执度，为推动行业发展留下了浓墨重彩的一页；他融合哲学思维的管理模式至今还在引领着中国农牧行业，他是当之无愧的行业导师之一。

曾庆元（中国某著名家电集团原品牌营销总监、牧羊集团原战略市场总经理、中国农牧企划总监联盟秘书长）： 对农牧行业之外的人士来讲，张唐之先生还比较陌生，但对三十多年来的中国农牧行业，他就是一个传奇，是绝对的行业导师。凌龙兄继《刘永行说》之后，又推出了《张唐之说》，确实可喜可贺。

王中（农牧行业著名策划人、管理咨询专家）： 张唐之先生不仅成功创办了山东六和集团、亚太中慧集团两家百亿级企业，其观点更是影响了很多企业的经营走向。我认为，张唐之先生对农牧行业最大的贡献就是立足长远的经营思想。此书确实值得农牧行业内外的更多企业经营者一读。

推荐序 1

一个觉者的布道

在一次交流时，任正非先生告诉我，日前会见一个日本代表团，日本人很兴奋地说近几年中国人到日本扫货、网购的价值总额是 3 万亿美元。这个数值太大，令人难以置信。后来我碰到日本著名经济学家栗下照弘先生，请教他这个数值的真实性，他静默了一会儿，认真地做着计算。之后他告诉我："中国人扫货跟网购加在一起，5 年时间 3 万亿美元靠谱！"

3 万亿美元，相当于近 20 万亿人民币、300 多万亿日元。中国公民 3 万亿美元的日货消费，救活了无数日本公司，却忽视了中国公司。中国人不相信自己的企业了，中国人不放心中国人自己生产的产品了！

中国人最大的痛处是缺乏放心产品，其中也包括"放心肉"。这时站出来了一个张唐之，他先后创立了山东六和集团与亚太中慧集团两个行业领先企业，并聘请著名管理学家陈春花任总裁 6 年，他自己却遵循"天之道，利而不害；圣人之道，为而不争"的古训，开始从养殖业的源头发力，"誓以余生之力从健康养殖源头做起，为消费者提供质优价廉的安全食品”。他从中国最让人提心吊胆的行业开始布道。《张唐之说》，便是关于一个觉者布道的记录。

看着人们受金钱驱动开展事业的时候，“过来人”张唐之先生的内心很痛。他从内在的慈悲心出发，感受到亿万百姓对放心食品的痛，他发愿解除百姓的痛。于是，他开始给每个干渴的灵魂布道，他要培植每个人的慈悲心，这是万千办法中最基本的办法。

张唐之先生用简洁的语言、传神的比喻和恰当的案例，把爱心说活了。在企业内部说“带着爱心去工作”会有很大的压力。每个员工的眼睛都是雪亮的，如果你自己不是“带着爱心去工作”，你还在那里为点滴利润偷工减料、投机取巧，员工就不会拿工作当回事儿。张唐之先生勇于在企业内部布道，他自己就必须活在道中。正如张唐之先生所说：

“人在做，天在看。”有人问“天”到底有没有，“天”应该是什么，我说“天”是众人的目光，是良心的评判，是道德的奖惩，是社会公理，是自然规律。这个“天”是存在的，是公道的，它左右着我们的一切！

张唐之先生的说法与稻盛和夫先生的说法不谋而合。一次，我跟稻盛和夫先生聊天，越聊越有兴致，他突然看着我的眼睛，一字一句地说：“说到敬天爱人，一般人只说‘敬天’是尊重规律，其实还有另外一层含义，就是要敬畏每个人内心的神明，敬畏每个人巨大的潜能。只有把敬天理解到这个程度，才可能在浮躁的人世间做事不迷失。”

稻盛和夫先生把天理即人心说活了。通常我们会说“人在做，天在看”。当我们道法自然、遵循规律时，当我们敬畏每个人内在的神明和自性爆发的无穷可能性时，我们自己就成了一个空空的管道，万般资源和能量都会流经空空的管道。这时，我们或许可以说是“天在做，人在看”，这是经营管理更高的境界。

个人与企业都是社会关系的总和，关系就是生产力。个人与企业的发展，都必须给关系创造价值，相关利益方才可以同心协力一起发展。张唐之先生的过人之处就在于，他看破人间冷暖，穿越财富、权力、名誉，看到了大爱真情，看到了企业经营管理的真谛：

企业是一个平台，与员工、用户、股东、供应商、政府等构成利益共同体，彼此之间应相互尊重、相互学习、相互依存、共同发展。利益的一致性要求我们把每个环节都衔接好，才能实现合作共赢。

把企业作为一个公共平台，把各种关联关系量化价值，进而实现价值整合，这是张唐之先生把“利他”思想推广到各个层面的逻辑结果。

做企业，不仅需要从慈悲心出发“利他”，还需要鲜活的生命教育：以生命撞醒生命，以生命激发生命，以生命开启生命。《张唐之说》是一个觉者唤醒员工以及各利益相关方的真实记录。当您捧读此书时，您也会自然而然地被唤醒。

人靠绝活立身，企业靠好产品实现高收益。稻盛和夫先生一心一意关注产品。在他的著作中，到处可见强调产品的价值点：“抱着产品睡觉”“听得到产品的哭泣声”“答案永远在现场”“现场有神灵”，等等。任正非先生会用朴实的大白话说清楚华为的信仰和企业方式：“做企业就是要磨好豆腐。因为你的爹要吃豆腐，娘要吃豆腐，孩子要吃豆腐。”把天底下的客户比作自己的爹娘和孩子，任正非先生一下子把企业的最终出口——产品的品质推到了信仰的高度。

如老子所说：“常无，欲以观其妙；常有，欲以观其徼。此两者同出而异名，同谓之玄，玄之又玄，众妙之门。”产品和内涵的慈悲精神一体两面，同出而异名。离开产品至隐至微处的品质，一切精神哲学都没有了载体。或许由于编辑的原因，本书没有更多强调如何做出让客户放心的产品。期待本书的续集可以说清楚张唐之先生做好产品的工匠精神，毕竟企业的慈悲心和“利他”的唯一载体是产品。

在《刘永行说》出版半年多之后，好友凌龙又推出了《张唐之说》，其勤奋与执着令人印象深刻。他坚持请我作序，盛情难却，于是写下上面的文字。

是为序。

王育琨

中国地头力学创始人

希贤教育基金会副理事长

2017 年 6 月 16 日

张唐之：中国农牧企业的精神导师

在中国农牧行业，有这样一位传奇人物——

他的一个策略让全行业重新洗牌；他亲手将销售收入超百亿且回报丰厚的企业卖掉；他做企业不仅仅是为了赚钱……

在他倡导的一年一度的业界联谊会上，全国行业精英赴会只为听一听他对农牧行业的新见解；他拖着病躯奔忙于行业之间，只为中国农牧行业的健康发展，只为老百姓吃上放心食品；他关注的不只是利润报表，他更关注员工的生活和企业的责任……

他就是被尊称为“农牧企业的精神导师”的山东六和集团（以下简称六和集团）创始人、山东亚太中慧集团有限公司（以下简称亚太中慧）资深董事长张唐之先生。

辞职下海：骑着三轮车卖饲料

张唐之先生于 1978 年考入山东莱阳农学院（现青岛农业大学），在畜牧兽医系畜牧一班担任团支部书记。1982 年毕业后分配至淄博市周村区政府任秘书。但是，朝九晚五的机关生活让天生喜欢忙碌的他很不适应，在他主动要求之下，上级派他担任淄博饲料厂厂长。上任后他实施优化组合、竞争上岗，仅仅几个月就让这个企业一举摘掉了亏损帽子，并让职工住进了崭新的单元楼。

1992 年，邓小平的“南方谈话”极大地鼓舞了张唐之先生，国家鼓励民营经济发展的好政策让他的内心激情澎湃。这一年，他做出了一个惊人的决定：辞去公职，“下海”经商！这一举动让包括亲人在内的许多人百思不得其解，但在张唐之先生眼中，他仿佛看到了腾飞的中国经济和即将蓬勃而起的中国民营企业，他必须紧紧抓住这个千载难逢的机遇。

这一年，他拿着东拼西凑来的 3120 元创立了淄博鼎立科技有限公司。创业之路并非一帆风顺，他既当总经理，又管生产、销售，甚至亲自骑上三轮车在烈日下走村串户卖饲料。

可是，仅凭他的一己之力，企业如何做大？ 1995 年，他力邀在莱阳农学院留校任教的两位同学加盟，并从母校“骗来”几名大学生共同创业，公司自此驶上了快车道。这一年，他将公司搬到了青岛，并改名为山东六和集团。他认为，有什么样的人才就会有什么样的公司，如果公司一直留在淄博，就只能延揽到当地人才，就永远只是一家当地公司，如果搬到青岛，山东乃至全国的人才就会慕名而来，公司就有可能成长为山东乃至全国性的公司。他的这一举措让公司如虎添翼，大批人才从四面八方汇聚而来，公司迅速发展壮大起来。

经营之道：微利经营，最大限度让利于民

当时饲料行业的利润较高，作为农家子弟，他看在眼里、急在心上：如果这样发展下去，必将降低农民的养殖积极性，对整个行业的

长远发展也非常不利。于是，他断然决定：实施微利经营策略，最大限度地让利于民。那时，他在大会小会上讲微利经营的重大意义，甚至“大骂”那些多赚钱的经理人。当时不少经理人都感到很委屈：放着好好的大钱不赚，偏要搞什么微利经营！谁赚钱谁还挨骂，老板一定是脑袋出了问题！

是呀，“普通人”怎么会理解“明白人”内心深处的情怀呢！

微利经营最直接的结果就是饲料大幅降价。1997 年，正是中国饲料业转型的关键期。这一年，首先是饲料价格大起大落，接着是养殖业疫情大面积爆发，不少地区的养殖业到了十舍九空的地步。看着眼前的景况，他说：“我们的农民兄弟在流汗流泪，我们怎么还忍心拿那么高的利润？”他下令六和集团的产品全线大幅降价。几乎是在一夜之间，六和集团所有公司的饲料价格来了一个大跳水，全价饲料每吨降价 300 元 ~ 500 元，有的甚至降了 800 元。一些饲料厂因此叫苦不迭，有些甚至难以为继，干脆关门了事。张唐之先生的微利经营让农牧行业来了个大洗牌，他也因此获得了“价格屠夫”的称号。

为了保证降价的长期性和有效性，张唐之先生一方面要求强化管理，降低成本，包括生产、管理、运输、销售各环节的成本，过去每吨饲料四项费用为 160 元 ~ 180 元，他压缩到 70 元 ~ 90 元。另一方面，通过与业内其他企业的策略联盟，比如规模化统一采购原料，也大大降低了生产成本。降价带来的结果便是销量大增，销量大增带动生产规模急剧扩张，生产规模急剧扩张又带来采购成本大大降低、资金循环速度加快，这一切又反过来推动了六和集团经济效益的大幅增长。

从此，六和集团和张唐之先生声名鹊起。

微利经营，养殖户确实省了钱，但张唐之先生在调研时发现，由于受疫情影响，养殖户赚钱的能力还比较弱，而饲料业务人员则只管卖饲料，对养殖户能否挣钱关注得并不多。

为了解决养殖户效益偏低的问题，张唐之先生又提出了服务营销的理念。服务营销包含六大要素。

主动服务：不仅是应养殖户的要求提供服务，而且要主动帮助他们分析和解决问题。

定点服务：营销人员不是打一枪换一个地方，而是要与养殖户结成稳定的服务关系，明确每位营销人员的“服务责任田”。

深度服务：深入养殖第一线提供服务，提出有价值的解决方案。

全程服务：不是针对养殖户生产经营的某个环节提供服务，而是将服务贯穿于整个供产销的全过程。

个性服务：不仅仅是采用统一的模式对所有养殖户提供相同的服务，而要切切实实地针对个性化问题提供量身定做的服务。

全员服务：服务不仅是营销部门的职责，从公司的研产销到各职能部门，都必须围绕服务养殖户展开工作。

为了进一步降低费用，张唐之先生又提出了近距离密集开发战略。近距离密集开发是指通过近距离布点设厂，直接针对养殖户开发市场。这一战略为微利经营和服务营销提供了现实基础，并推动市场占有率的迅速提高。近距离密集开发的具体内容是：以 50 千米为半径，在 30 千米内重点密集开发，在 50 千米内重点服务，积极引导各公司把市场线路由长变短，让产品直面养殖户。

近距离布点设厂大大降低了产品的储运成本，为微利经营提供了现实保证，也为企业找到了真正有价值的养殖户，从而稳固了市场根基。近距离密集开发，使六和集团旗下的公司在山东星罗棋布，形成了“聚落经营”的局面。

这就是张唐之先生的“三大经营法宝”——微利经营、服务营销、近距离密集开发。“三大经营法宝”的核心是客户价值导向，即企业不仅要在理念上始终将养殖户的利益放在第一位，而且要有有效的策略与途径。“三大经营法宝”让六和集团的饲料销量连年以高于行业五倍以上的速度增长，并于2004年跻身全国农牧行业三甲行列。

行业责任：推动健康养殖，提供安全食品

六和集团的巨大成功并没有让张唐之先生停滞下来，他在思考的是一个更加严峻的问题：中国的食品安全。出身农村的他对农民有着深厚的感情；从事农业，他对中国农业的发展有着更深的思考。2004年，禽流感大暴发，中国养殖业的发展陷入低谷，落后的农户散养模式更是雪上加霜，最后竟可怕到了无人敢吃鸡的地步。此时，他又做出惊人之举：发展规模健康养殖，吸引专业人士回归，建立标准化、规模化、现代化、专业化的养殖农场，淘汰落后模式，力图从源头上解决食品安全问题。

为了全身心地投入这一开创性事业，他投资创立了亚太中慧集团，并聘请了一批具有国际化背景的人才参与经营管理。他迅速在潍坊地区建立了几十个以专业人士为经营主体的养殖农场。当时，很多人不明白：饲料这么赚钱，去养鸡做什么？风险大、投资大、利润又低！他的回答很简单：“饲料厂将成为养殖农场的加工车间，规模农场还有5～10年的发展时间，这既是养殖业未来的主流，更是解决

食品安全问题的根本出路！”在他的推动下，亚太中慧积极探索“公司＋农场主”的健康养殖模式，即企业投资，帮助专业人士兴建健康养殖农场，并由他们进行经营管理，公司提供统一服务。随着运营时间的推移，农场100%的所有权将转由农场主持有。养殖由既有专业知识又有所有权的专业人士从事，就从源头上保证了肉鸡的健康、安全、可控。

这些养殖农场全部建在无污染的郊区或农村，环境优美，交通方便。养殖农场一般每家固定资产投资650万元，流动资金200万元，占地70亩，可建设8～10栋标准化鸡舍，每家农场年出栏肉鸡可达80万～100万只。养殖农场从土建到养殖设备等，都达到了国际一流水平。鸡舍的饮水、饲料、通风、温度、湿度全部实现了自动化控制。养殖农场的经营决策与日常管理都由有多年养殖经验的专业人士担任，实现了专业化生产。同时，养殖农场全部依托企业养殖服务中心，实现了“十统一”服务：统一规划建设、统一鸡苗采购、统一饲料专供、统一药品招标、统一疾病防疫、统一技术管理、统一销售服务、统一信息平台、统一人员管理、统一财务结算等，确保了管理的标准化。各养殖农场严格按照国际规范的卫生标准生产，强化生物安全，加强防疫，杜绝疫病发生，并按照出口企业控残标准统一用药。同时，全程使用微生态和酶制剂，从根本上解决了疫病防治和药物残留问题，保证了肉鸡生产的健康和安全。

用不到五年时间，亚太中慧在以山东为主的区域建成了年出栏80万～100万只肉鸡的现代化大型标准规模养殖农场130余座，年出栏肉鸡1亿只。更为重要的是，在亚太中慧的推动下，山东肉鸡规模化养殖达到了90%以上，万只以下养殖户基本绝迹。

为了避免养殖过程中的环境污染，实现养殖废物的充分利用，亚太中慧大力发展生物、生态产业，相继投资建设了蛋白粉厂、羽毛粉厂、有机肥加工厂及蔬菜种植基地，初步形成了多个集健康养殖、绿色种植、食品加工为一体的绿色农业聚落群，实现了资源循环再利用。

亚太中慧还通过新建、合作等方式，发展种禽和屠宰加工事业，将健康安全可追溯的食品供应到肯德基、麦当劳等快餐巨头，送到了百姓的餐桌，在“健康食品，幸福生活”的征途中迈出了新的一步。

文化之道：爱心引导，培育好人

企业文化是企业核心竞争力的源泉，文化管理是现代企业经营管理的最高境界。张唐之先生十分重视企业文化，在各种会议上，他讲得最多的就是论文化、讲理念、谈做人。

创业之初，张唐之先生就身体力行，在潜移默化中形成了朴素的“实干型”创业文化。伴随着企业的不断发展，他又为六和集团确立了“善、干、学、和”的核心价值观和“养育人，创财富，促进社会文明进步”的企业宗旨。创立亚太中慧之后，他又进一步确立了“爱心、正面、创新、双赢”的核心价值观，目的就是“培育好人，做好产品”。

爱心。爱心是企业生存发展的基础，世界上一切美好事物都源自爱心。爱心主要体现为四个对待：爱心对待自己，爱心对待他人，爱心对待工作，爱心对待生活。

爱心对待自己，即对自己要好。人的竞争对手永远是自己。人只会被自己打败，不会被别人打败。优胜劣汰是市场经济的铁律，人一旦跟不上时代的节奏，被淘汰是自然的。要不断反思，修炼心智，自我改变，成长提升，这是对自己最大的爱心。

爱心对待他人，就是要爱人如己，尊重、关心他人，给他人带来益处。作为主管，要关心员工生活，为员工工作、成长提供便利；作为员工，要尊重主管，听从指挥，尽心尽力做好工作。

爱心对待工作，就是要敬业爱岗，干一行、爱一行、专一行、精一行，不断超越自我，做到极致，做得不可替代。

爱心对待生活，就是要热爱生活，以饱满的热情迎接每一天；要珍惜生命，加强锻炼，戒烟限酒；要珍惜友谊，对自己、对别人好一点。要忘记昨天的成功，把握实实在在的今天，踏实工作，享受生活。

正面。凡事往好处想、往好处做，期盼好的结果，就是正面。人既有正面也有负面，是正面与负面的统一体。正面就是用积极、阳光的心态面对一切。正面可以让人减少烦恼、乐于助人、做事简单，容易形成团队，成功的概率就大。

创新。创新是企业持久发展的动力，自我反省、挖掘潜力、不断改变是创新的主要途径。它有三个途径：向书本学、向标杆学、自我感悟。读书可以增加知识，学习标杆可以提高能力，反思自己可以挖掘潜力。

双赢。合作是市场经济发展的必然趋势。合则资源共享，互惠互利，实现双赢；斗则互相防范，提高成本，两败俱伤。合作的前提是爱心、正面、创新，坚持爱心、正面、创新，合作就会愉快而长久，就能实现双赢。双赢是和谐的前提，和谐是双赢的结果。

发展要素：人才、市场、资本

张唐之先生认为，企业发展有三大要素：人才、市场、资本。

人才：张唐之先生认为，人才在企业发展中发挥着60%～70%的作用。不管是在六和集团还是在亚太中慧，他都高度重视人力资源工作，并不惜重金引进了一批顶级人才，还不断派员工到农牧业最发达的国家去学习。他不断加大员工培训的力度，并与中国农业大学联合开办了EMBA班，还送大批员工远赴新加坡、日本去学习。

六和集团和亚太中慧的薪水之高在行业里是出了名的。1997年，在六和集团的一次经理人会议上，张唐之先生高调宣布大幅提高员工工资，大部分经理人持反对意见，因为这个数高于行业平均水平的三四倍之多，他却说："我们不要把员工收入看作费用，它是企业业绩的一部分。"这一举措使得当时的六和集团与其他饲料企业一下子拉开了档次，不仅激发了员工积极性，更使得各类人才齐聚六和集团，为企业大发展创造了难得的人才条件。年底结算，提高员工工资不仅没有增加费用，相对于业绩的增长，费用反而大大降低了。

张唐之先生的这些举措，不仅改变了企业的人才结构，更通过企业的带动，吸引了大批优秀人才投身农牧业，改变了整个行业的人才结构，为行业发展吹来一股新风。

对人才的重视，还体现在他对员工精神道德层面的要求上。在企业内部，他大力倡导员工修炼人生"四德"，即公德、道德、品德、美德。

市场：张唐之先生认为，市场在企业发展中起着20%～30%的作用。他要求一定要将市场做实、做细，在实与细的基础上再做好、做透、做大。他紧紧把握质优价廉这一市场铁律，以为消费者创造价值为基点，来满足各类消费者的需求，并在这一过程当中来实现企业的价值。

资本：张唐之先生认为，资本是企业生存发展的血脉，其作用占比为10%左右。资本只是一种资源，可以为有能力的人所用。企业资本有银行贷款、上市融资等多种来源，但比较起来，合作才是最佳渠道。亚太中慧下属公司95%以上的是合资公司。亚太中慧之所以能够实现快速发展，其精髓之一就是合作。这种合作不是“损人利己式”的，而是“互利双赢式”的。对企业来说，应当是客户先赢，员工先赢，社会先赢，企业最后才赢。

任　远

山东亚太中慧集团有限公司企业文化总监

2017年6月20日

目 录

目　录

第一章

爱心：经营的原点

提要

张唐之先生认为，“爱心是立世的基础”“爱心是成功的根本”“爱心是企业的生命”。他说“爱心提升是第一项修炼”“有爱心，得好报”。他要求全体员工“不断调整自己，坚定地用爱心面对明天”。

可以说，爱心文化是亚太中慧一切经营工作的出发点和落脚点。

十几年前，正是张唐之先生年富力强的时候，没有想到，一场意外的手术失误，让他数月卧床不起。一边是蓬勃发展的事业，一边是突然降临的病魔，这一切使得他的情绪焦躁不安。就在此时，一位传教士来到他身边，爱心文化因此渐渐流入他的心田，并帮助他战胜了病魔、超越了自我。

从那以后，爱心文化便成为亚太中慧企业文化的起点。在企业内部，张唐之先生将爱心文化列在企业文化纲要的最前面，并将爱心文化细化为四个方面：

用爱心对待自己，要改变自己，不断学习，自我提升。

用爱心对待工作，要敬业爱岗，精益求精，不断超越。

用爱心对待家人，对父母要以孝敬为主，对子女要以责任为主，对爱人要以真诚为主。

用爱心对待他人，就要以他人为中心，尊重、学习他人，给他人带来益处。

一家中国民营企业，能够将源自基督教的爱心文化消化吸收，然后变成自己的思想，并在实践中取得了很好的效果，确实具有借鉴意义。

人在做　天在看

某山村有位老人，默默无闻地坚持义务修路 30 年。他儿子实在看不下去了，不满地说："您做好事谁看见了？连一分钱也没有，不知您图个啥？"老人回答："人在做，天在看。我多行善，众人感念，全家福安。"

人在做，天在看。俗话说："头上三尺有神明。"人无论做什么事，老天都在看着。老天是公道的，人做了坏事终究要遭到报应；做了好事，付出了，最终必会得到回报。

有信仰的人大多性格善良，心境平和，为什么呢？因为信仰教育感化着他们。信仰上帝的人，他们认为自己的一举一动都在上帝的关注之下，上帝会对每个人的所作所为做出公正的评判，并会根据人的所作所为对其进行"奖惩"。

"天"到底有没有？"天"应该是什么？"天"就是众人的目光，

就是良心的评判，就是道德的奖惩，就是社会公理，就是自然规律。这个“天”是存在的，是公道的，它左右着我们的一切！

做人做事要踏实认真。只要真诚付出，便一定会有回报。一切往好处想、往好处做，就会有好的结果。不管做什么，只要认准一个目标做下去，就一定会有正向的结果。唐僧西天取经，历经九九八十一难，最终感动了“上天”，取得了真经，这是坚持的结果。如果做事不认真，每天稀里糊涂，做一天和尚撞一天钟，“上天”就不会眷顾你，吃亏的只能是你自己。

做人做事要正向。“为人不做亏心事，半夜叫门心不惊”“多行不义必自毙”，害人者终害己。只要你做了坏事，上天一定是知道的，最终“天”会惩罚你，所以坏人做不得。做事正向的人，光明磊落，坦荡无私，心情舒畅，一生会生活在幸福平安之中。因此有人说，要想长寿，只能做两种事：一是做对得起良心的事；二是做晚上能睡得着的事。

做人做事要有爱心，用爱心对待自己，用爱心对待他人，用爱心对待工作，用爱心对待生活。爱心重在培养和修炼，醒悟自己、认识自己、反思自己、改变自己，不断反省改正自己的缺点和错误，提升自己，让自己成为一个有爱心的人。有了爱心，一切都在爱心包围之中，你就会感到世界的美好，心态就会平和，做事就会正向、自信、积极，事业就会一帆风顺，这便是爱心给你的回报。

爱的价值

一个旅行者到喜马拉雅山南麓的寺庙去朝圣，这里空气稀薄、山路崎岖，虽然旅行者只带着简单的行李，但每走一步还是气喘吁吁。

此时，一个不足10岁的小女孩从他身边走过，身上还背着一个胖胖的小男孩。旅行者关切地问："孩子，你是不是非常疲倦？"小女孩看了旅行者一眼，微笑着说："在你看来这是重量，但对我来说这不是重量，他是我弟弟。"小女孩的心中有一份爱，所以她能面带微笑。爱是什么？爱是付出而不求回报的人世间最伟大的感情。《圣经·哥林多前书》有一篇爱的箴言：爱是恒久忍耐，又有恩慈；爱是不嫉妒，爱是不自夸，不张狂，不做害羞的事，不求自己的益处，不轻易发怒，不计算人的恶，不喜欢不义，只喜欢真理；凡事包容，凡事相信，凡事盼望，凡事忍耐；爱是永不止息。

这篇爱的箴言把爱的真谛讲到了极致，爱就是发自内心的真诚，就是心中时刻想着别人，胸怀博大，不做对别人不利的事，不计较个人的得失，对别人的成功从心里感到高兴，而且持续不绝。

只要心中有爱，就会随时随地改变自己。爱别人就会为他人着想，为他人着想就会努力去适应别人，尽心尽力地为别人做事而没有怨言。平时，我们可能对别人的一些行为这也看不惯那也看不惯，这实际上是缺乏爱的表现。人若没有爱，就如同生命缺乏阳光、空气和水，将会很快失去生机。

只要心中有爱，就会学习别人的长处，改变自己的不足。人心中有了爱，就会用放大镜看别人的长处，用显微镜看自己的缺点，用望远镜看美好的明天。为何会有这样的心态？就是因为爱使人心怀感恩和敬畏，看到的世界尽是非常美好、正面的东西，而不是满眼丑恶和负面的东西。心中有美好的世界，眼中的世界也一定是美好的。

只要心中有爱，对生命、生活的态度就是积极向上、充满感激的。我们常说"哀大莫过心死"，"心死"就是失去了活下去的勇气，就是人看到的世界都是灰暗的，感觉不到人间的温暖，这就是负面状态。凡事多看正面，多看别人的长处，多看积极的东西，内心就会积极向上、满怀感激。爱就要调整心态，对人和事充满感情，凡事往好处想、往好处做，自然就会有好的结果。

虽然对爱可能会有不同的理解，但无论如何，有一点却是共同的：只要心中容下了别人，就能容下整个世界。这就是爱的价值所在。

爱心是立世的基础

人生最大的幸福是什么？是自由。而自由又来自爱心。爱心是什么？爱心是个人成长与企业生存发展的基础，世界上一切美好的、生命力持久的事物都源自人们的爱心。

爱心越多、给别人带来益处越多的人，其自由度也越大。爱心主要体现为爱自己，爱工作，爱家人，爱他人。

一、爱心对待自己

爱自己是非常具体的：改变自己，提高自己，丰富自己，完善自己，努力使自己成为自由的人，努力让自己成为一个富有爱心、对别人有益、受人尊敬、受人欢迎的好人。

1. 不断改变自己

市场经济有两大铁律：对产品永远是质优价廉，对人永远是优胜劣汰。故步自封的人最终将被淘汰。我们必须不断反思，力求自我改变。改变意味着与过去不同，人只有在改变中才能成长，变化才是发展的常态。

2. 不断提高自己

提高意味着从现在的水平上升到更高层次。人的一生是不断学习的过程，学习有三条路径：一是读书。读书需要毅力，读书产生知识，学历是知识的载体。但读书获得的是间接知识，这种知识还不是能力，运用知识做事才是能力，能力才是自己的。二是向他人学习。学习需要好的心态，不能以自己的长处去看别人的短处。向他人学习要多看别人的长处，改正自己的短处。三是反省。反省需要智慧。因为反省需要对自己的过去进行评断，要保留好的方面，去除不好的方面。

3. 不断丰富自己，使自己成为一个“富人”

做一个知识丰富、能力丰富、心智丰富、人际关系丰富的人。只有当爱心成为习惯，你才可能成为成功人士。人在 30 岁之前差异不大，只有不断丰富自己、完善自己，才能向好的方面发展。

4. 不断完善自己，使自己成为一个好人

完善自我需要不断创新。现代社会发展速度越来越快，创新成为世界的主流，只有创新才能跟上时代的脚步，才能完善自己。

二、爱心对待工作

1. 工作是发挥能力的途径

每个人在接受了足够的教育之后，都需要把知识转化为能力，工作就是将知识转化成能力的途径。伏尔泰认为，工作可以撵跑三个魔鬼：无聊、堕落和贫穷。只有努力工作，人才能有成就、有自信，也才能摆脱贫穷。

2. 学会动手，学会干

人做事需要以动手为先。现在刚毕业的人不会创业，40 多岁的

人又不敢创业。我们鼓励大家自己做，创建自己的事业。当初我们这些人也都不会干，只有先干起来再逐步完善，没有别的捷径可走。

3. 潜力是沉睡的雄狮，需要不断挖掘

人的潜力是无穷的，但大部分人的潜力都没有得到充分挖掘。优秀的人都是“逼”出来的，他们之所以优秀，就是因为他们真正用心去挖掘了自己的潜能。

三、爱心对待家人

1. 努力工作，为家庭幸福提供物质条件

家庭是我们幸福的港湾，而这个港湾需要物质条件的保证。因此，努力工作不仅是个人能力充分发挥的手段，更是爱家人的表现。

2. 孝敬父母，对子女负责，对爱人真诚

为人子女要孝敬父母，孝敬父母是一个人最基本的品质；为人父母要抚养子女，承担养育职责，为儿女提供健康的成长环境；为人夫妇要真诚对待另一半，不能欺骗对方，不能伤害对方，要平等相待，相互扶持。

四、爱心对待他人

1. 为他人着想，给他人带来益处

以他人为中心，给他人带来益处是我们的处事原则。凡事坦诚交流，以礼相待，以真诚之心对待每个人。爱心是恒久的忍耐，爱讲究包容。人都有优势和劣势，企业领导要充分发挥员工的优势，包容他们的缺点。

走出自我，走出以自我为中心的困境，形成公平、公正、和谐的环境，避免以钱为关系的筹码。钱是虚的，价值才是实的。行事要尽量简单一些，避免复杂。你对别人好一点，别人对你也会好一点。

2. 善待他人就是善待生活和社会

人们都愿意与好人打交道。我们努力做一个对他人有益的好人，就会营造出有利的发展环境。

要让爱心成为一种良好的习惯。好人一定会做好事，也一定会有好的回报。

爱心是成功的根本

“尽力而为”与“尽心尽力”是我们常说的词语。尽力是指踏实做事。任何事业都是踏踏实实做出来的，只有竭尽全力、积极主动，才能将事业做好；只有恪尽职守、兢兢业业，干一行、爱一行、专一行、精一行，将事业做好，才能展现自己的能力与才华。在企业这个平台上，所有工作都是为自己做的，我们应当珍惜这个发挥聪明才智的空间，共同推进企业发展，巩固自身生存的基础。

尽力的“力”指的是“能力”，但能力只有不断提高才能持久。尽力的人虽然恪尽职守、兢兢业业，但容易沿袭老套路，也可能因此限制能力的进一步提升。

尽心的人则是每做完一件事情，都要认真思考进一步优化的可能，并在这一过程中不断挖掘自身潜力。潜力是天生的，它来源于良好的心态。人的潜力是无限的，只有那些对工作、对生活充满热情的人才会坚持不懈地挖掘自身潜力，不断成长。

尽心尽力是学习能力的体现，也是拓宽发展空间的途径。在日新月异的现代社会，我们只有尽心尽力工作，保持灵活，不断调整，才能紧跟社会发展步伐，否则就会落伍、被淘汰。在不同的发展阶段，我们要不断地寻找、树立学习标杆，在学习中不断思考与总结，从而实现创新与超越。

尽力解决生存问题，尽心拓展发展空间，但要走向成功，唯有奠定爱心基础。

恒久忍耐是爱心的主题。人无完人，但有爱心的人就容易包容别人的不足，善于为别人带来益处，为别人着想。我们提倡“少看别人的缺点，多看别人的优点；少看自己的优点，多看自己的缺点”。只有承认自己的缺点与不足才能不断完善自己，才能得到别人的认可，也才能获得更大的发展空间。

我们都喜欢跟有爱心的人交往。因为有爱心的人心地善良，为人正面、简单、阳光，凡事首先考虑别人的感受，总是站在别人的角度想问题、做事情，并以助人为乐。拥有这样品质的人谁不喜欢呢？人如此，企业也一样。我们在企业内倡导“爱心大行动”，就是要解决如何对待自己、如何对待他人、如何对待工作、如何对待生活的问题，解决个人和企业在社会上要有怎样的口碑、树立什么样的形象的问题。

爱心是企业的生命

如果大家仔细观察就会发现一种现象：但凡成功的企业必定是倡导爱心的企业。企业界的这一现象耐人寻味、发人深省。成功之道总是相似的，只要我们稍加留心，就能感觉到爱心在成功企业中所起的举足轻重的作用。

首先，爱心决定产品。企业是由人组成的，产品是由人生产的，人处在正面状态就会为别人着想，产品质量就可靠，我们常说人品决定产品就是这个道理。而评价人品的基础就是看一个人是否有爱心，可见爱心是企业兴衰成败的关键。

其次，爱心让人努力改变自己。爱心是人醒悟自己的基础，醒悟自己就是建立利人利己的原则。人醒悟后就会更多地站在别人的角度上想问题、做事情，就容易发现别人的长处，并自觉自愿地向别人学习。善于向别人学习就会尊重别人，不断改变自己，努力适应别人。当一个企业由这样的团队经营管理时，这个企业创新的脚步就会迅捷而有力，就会不断适应消费者需求，就会始终充满活力和朝气。

最后，爱心让人凡事往好处想、往好处做，积极向上。人有爱心，心态就正向，待人处事就简单。企业如果缺乏爱心，运作机制就会复杂化，企业就容易演变成是非场。缺少爱心的企业必定会重视权力、划分等级、形成层次，从而导致负面的东西盛行，企业的活力、凝聚力、创新力就会日益降低。

爱心是企业的生命和美德的基础，是企业持久发展的动力。我们倡导爱心建设就是为企业拓展明天的生存空间，为员工搭建长久的事业平台，其意义重大而深远。

爱心提升是第一项修炼

时光飞逝，我们面对今天，期盼明天，其实明天总是不知不觉就来了。未来的十年，中国将面临巨大的发展空间。中华民族是进取心很强的民族，如果说在我们这一代中国的发展程度与世界先进国家相比还有一段距离的话，那么，到了我们的下一代，中国的发展将完全与世界同步。

近十年来中国的变化很大，十年以后中国的变化将会更大。我们既面临着巨大的发展机遇，也不可避免地面临着市场经济的挑战。过去中国人把中国看得很大，但今天的“世界人”却把世界看得很小。

中国目前面临着一个大发展、大竞争、大淘汰的格局。据专家讲，未来五年，中国的企业淘汰率将达到80%左右。用不了多久，中国会成为完全市场经济国家。市场经济是非常公平的，也是残酷无情的。五年之后，养猪就不是薄弱环节了，养殖业很可能专业化。我们有一个封建情结，认为农业是农民的事情。其实，农业是中产阶级的摇篮，是专业人员的行业，美国、欧洲、澳大利亚和中国台湾地区都是这样走过来的。中国是世界的中国，大门敞开了，若猪肉产量不足，欧美的就进来了，这就是世界一体化。现在的问题是，大家注重利益，没有注重责任。我们要用专业人员去做事，事情做好了，利益自然就在其中。我们的成本比别人低一点，质量比别人高一点，能不赚钱吗？光求利润是可怕的，利润太大了很容易制造竞争对手。六和集团原来没有竞争对手，当时六和集团的成长应该感谢正大集团和希望集团，我们埋头苦干，一直不去与别人竞争。六和集团竞争的对手就是自己，首先要改变自己，多向他人学习。我们当时很重视学习正大集团的规范管理和希望集团的成本控制。由于我们乐于跟他们学习，也就自然而然地放弃了跟他们竞争。

今天我们还有一个失误，就是教育。学生只学着做事，在学做人上有不少欠缺。在西方，做人和做事同等重要。品德、公德主要来源于家庭，道德主要来源于学校，美德是非常美好的，主要靠社会锻造。我们的学校教育缺少心灵开启这一课，这在西方发达国家是非常重要的一项学校教育，他们注重人的心态调节，让人正向、简单、平和，并以此来挖掘人的潜力，以释放更大的潜能。

下一步，中国将面临政治体制改革，随着省管县的逐步推开，将有大批公务员转岗或重新择业。他们都是很优秀的，这批公务员如果能够进入企业，中国企业化的进程还会加快。

知识无国界，人才无国界，资本无国界。所以，现在的中国应该是世界的中国。世界 500 强都已进入中国，无国界的东西越来越多，中国将要与世界同步了。但是，我们的心态还存在问题。我们与世界不同步的一个是语言，一个是心态。外资企业是我们的榜样，谁干得好我们就跟谁学、跟谁比。不要老跟自己的昨天比，世界每天都在变化，我们必须跟上这个变化。

心态正面就简单，心态全面就豁达。总体来看，心态问题已经成为我们这个社会发展的很大障碍，很多问题人们不知道对错。可以说，心态调整已经成为一个很紧迫的问题。人要阳光一些、简单一些。我们要不断提升自己的爱心，爱心最主要的特点就是忍耐和包容，爱就是一种恒久的忍耐和包容。

每个人都要强化心态调整，强化爱心提升。要想在市场经济大潮中做得更好，心态改善和爱心提升是第一项修炼。世界永远不可能再有封闭的家园了，人口在流动，人才在流动，知识和资本都在流动。改变世界的正是这些新移民，他们每到一个地方，无所依靠，只能靠自己，这样就把潜力给逼出来了。这些新移民唯一的财富就是能力和勤奋。我一直说，公司是社会的，是有能力的人施展才华的平台。员工也不是公司的，是流动的，今天你可能在这个平台上，明天也许会有更好的机会。

人生是过客，名利是昙花。你们许多人现在看还很年轻，30年后也会变老。我们都是匆匆过客，追求名利是无用的。职业经理人不是以做事为主，而要以做人为主。职业经理人要不断地吸纳能力比自己强的人，只有这样，我们的事业才会有希望。从整体来看，十年以后中国一定会更好。

能力为基　爱心为本

能力是个人价值的外在表现，是个人立足社会、不断成长的基础。但是，能力又不限于工作能力，它是个人成长发展所需素养的集合，其中，包括出色完成本职工作的能力、不断学习的能力、与人和谐相处的能力、乐观处事的能力等。

出色完成本职工作的能力。一个人的聪明才智唯有通过工作才能得以体现，只有出色地完成工作任务，才能得到维持生存和发展的物质资料。因而，即使诗书满腹、学富五车，也必须躬身力行、踏实肯干，让知识转化为生产力，否则一切都是纸上谈兵。只有干一行、爱一行、专一行、精一行，成为一个专业人士，才能使自己成为不可或缺的人、有价值的人。

不断学习的能力。“满招损，谦受益”，我们不仅“需要挽起袖子干活，还要放下架子学习”。现代社会瞬息万变，若躺在功劳簿上吃老本，靠以往的经验和习惯做事，必定会被淘汰。因而，我们必须虚怀若谷、谦卑好学，向书本要知识、向别人学经验、向内心挖潜力，不断认识自身不足，持续改变自己，力求做时代的弄潮儿。

与人和谐相处的能力。与人交往不仅需要技巧，更是个人魅力的展现。我们要坚持“外圆内方”的处世之道，对别人多点宽容与关爱，对自己多点克制与反思，“正面看人，全面看事”，做一个受人欢迎、给别人带来益处的人。我们要明白，人活一世，草木一秋，在这趟人生旅程上，唯有友谊长存，唯有友情可贵。

乐观处事的能力。人生不如意事十之八九。直面惨淡的人生不仅需要勇气，更需要宽广的胸怀。我们要凡事往好处想、往好处做，期待好的结果。“拿得起，放得下，看得开”，这种积极主动的心态是走向成功的必备素养。

市场经济是公平的，优胜劣汰的法则是无情的。我们只有不断提高自身的能力，才能在大浪淘沙中生存下来，并获得提升和发展的机会。

小事靠能力，大事靠团队。企业没有团队就成了一盘散沙，个人脱离了团队就只能是散兵游勇。在团队中，每个人都各有所长、各有所短，关键是大家要有爱心，要相互尊重、相互包容，优势互补。

爱心是团队生存的根本，是处理人与人关系的根本准则。个人是团队中的个人，团队是个人组成的团队。团队中的个人要有爱心，既有爱心又有能力的个体组成的团队才是充满活力、富有成效的团队。在这样的团队中努力工作，不仅大家的事业能够持续发展，个人能力和价值也会不断得到提升。

有爱心　做好人

人是多面的，常常是矛盾的统一体。人处于正面时，就是我们通常所讲的好人；若负面占了上风，别人只能对他敬而远之。我们提倡不断改变自我、提高自我、丰富自我、完善自我，努力让自己成为一个富有爱心、对别人有益、受人尊敬的好人。

一、要正视自身不足，勇于改变自我

大家都喜欢跟谦卑的人相处，谦卑的人不仅懂得“金无足赤，人无完人”的道理，还能坦诚地承认自身不足，尊重专业知识和专家意见，将发现问题、解决问题的过程作为提升自我的契机。

勇于改变自己的人绝不会怨天尤人，而是会与时俱进，以阳光的心态对待周围的一切，凡事往好处想、往好处做，不断提高自己的能力、提升自己的价值。

二、要善于学习，努力提升自我

故步自封、忽视学习的人必定会被新的挑战所淘汰，唯有持续学习，我们才能不断提升自我，跟上时代发展的步伐。

善于学习的人能“正面看人，全面看事”，尊重别人，给别人带来益处；关爱他人，包容他人的不足；学习他人，从同事和同行身上吸取经验教训。

三、要做好人生规划，持续丰富自我

人在不同年龄段有不同的角色，要适时调整定位，对金钱与权力要保持冷静与淡泊，千万不要沦为名利的奴隶。

四、要胸怀爱心，逐步完善自我

人生是一个不断去伪存真的修炼过程，我们要通过反省不断清除杂念，坚定爱心基础，挖掘自身潜力，以获得更大的发展空间。

做一个胸怀爱心的好人，就要用放大镜去看别人的长处，用显微镜查找自身的不足，用望远镜去憧憬未来。凡事往好处想、往好处做，让爱心的阳光照亮人生的每个角落：用爱心对待自己，改变自己；用爱心对待工作，爱岗敬业；用爱心对待家人，勇于担当；用爱心对待他人，给他人带来益处；用爱心对待生活，热爱生命；用爱心对待自然，让美好得以持久。

把自己变成一个好人

爱心、正面、创新、共赢是成功人士的特质。爱心是基础，正面是原则，创新是根本，共赢是结果。要成功，就要多做对别人、对社会有益的事，就是首先要让自己成为一个好人。

爱心是基础。爱是人的天性，爱心是每个人起码的素质，其内涵就是用爱心对待自己，对待他人，对待工作，对待生活。

爱心对待自己，要以谦卑为主，自信而不自卑，细心又不过于小心。看到自己的不足，改掉自身的毛病，这就是反省。反省就是强化别人、淡化自我，养成以他人为中心的思维方式和不断改变自己、谦卑做人的好习惯。一个人不能改变自己是很麻烦的，这样很容易活在过去的成功或失败中，内心会背上沉重的包袱。只要把握今天，干净做人，简单做事，时间长了，内心就会正向、阳光、干净、简单，就会以美好的眼光看世界、看别人，就会充满爱心与喜乐。

爱心对待他人，就是关爱他人，以他人为中心想问题、做事情。在国外，碰到一个老乡很高兴，碰到一群老乡很麻烦，因为大家长期养成了不遵守公德的习惯，大声说话，妨碍别人，这就是心中没有他人的表现。心中没有他人，就不会关心、尊重、包容他人，就看不到他人的长处，突破不了自我这个枷锁。自我得不到提升，团队也无从建立。心中有他人，处处为对方着想，给他人带来利益，就会赢得尊重和支持，就会在互相学习中互相促进。

爱心对待工作能让工作充满乐趣，激发人的积极性、创造力，把事情做得更好。要干一行、爱一行、专一行、精一行，永不抱怨，尽心尽力，相信行行出状元。1997 年，我到美国一家企业参观，发现了一位 87 岁的淬火工人，他技术一流，无人替代，成了企业的终身工人。爱心对待工作，就要像这位老工人一样好好干、好好学，不断创新改进，精益求精，把事情做对做好，做得不可替代。

爱心对待生活就要热爱生活，以饱满的热情迎接每一天；要珍惜生命，加强锻炼，戒烟限酒；要珍惜友谊，对自己、对别人都好一点。要忘记昨天的成功，把握实实在在的今天，踏实工作，享受生活。

正面是原则。人都有两面性，强化正面就能减少负面。坚持正面就是凡事往好处想、往好处做，期盼好的结果。

很多企业喜欢做表面文章，以赚钱为先，有的甚至不择手段，变成骗钱公司，最后垮台倒闭，就是负面太多的结果。企业要想持久，必须将做人放在第一位。企业也是修道场，好的企业不仅生产好的产品，还培育好人。坚持正面是做人的基本原则。要讲公道，有信用，少一点负面，少一点自己。对自己要以反省为主，对他人要以尊重为主。要坦坦荡荡做人，扎扎实实做事。做事讲正面，力求简单，面对问题，要主动承担责任，积极寻求解决办法，而不是互相推诿扯皮。

做人坚持正面，能让人不断反思、改变，能力不断提升。反思与改变是成功的重要通路。

创新是根本。质优价廉、优胜劣汰是市场经济的两个铁律。没有创新，产品质优价廉就难以实现，自然就会被市场所淘汰。没有创新，企业保守落后、缺乏活力，发展就会受阻。

农业是一个科技含量很高的基础产业，是培育生命体的复杂而细致的工作，科技创新始终贯穿其中；我们推动的规模化现代健康养殖是一项全新事业，作为先行者，更要不断创新，形成标准，做出示范，并以此来推动行业发展。

共赢是结果。合作是市场经济发展的必然要求。合则资源共享，互惠互利，实现共赢；否则相互防范，提高成本，两败俱伤。合作的前提是爱心、正面、创新，坚持爱心、正面、创新，合作便愉快长久，实现共赢。

做一个有能力的平常人

在新加坡生活着两种人：一种是新加坡人，以新加坡为家，习惯在新加坡居住生活；另一种是“世界人”，能在世界各地生活工作，不受地域和文化束缚。在公司里，我们也提倡做“世界人”，能坦然面对市场经济大潮，自己定位准确、方向清晰，做一个有能力、有活力、有胸怀、有价值的平常人。

一、做一个有能力的人

1. 爱心是一个人发展的根基

爱心是处理人与人关系的根本准则，也是一切能力发挥与提升的基础。

2. 干一行、爱一行、专一行、精一行，努力工作

工作是一个人的立身之本，正确的职业定位关乎个人未来发展。我们要选择一个行业，努力成为一个专业人士，成为一个有价值的人，成为一个不可或缺的人。面对工作，不能这山看着那山高，要聚焦专业，抗拒诱惑，踏实努力，如此才能成为专家，具备别人不可替代的技能。

3. 做一个不断学习的人

只有不断学习才能持续提升自己的能力，向书本学习知识，向他人学习经验，向内心挖掘潜力。谁做得好就向谁学习。不能故步自封、闭门造车。昨天的成就是今天的绊脚石。我们要把握好今天，着眼于明天。只有不停下学习的脚步，才能跟上时代的步伐。

4. 认清自己所处的阶段，做好人生规划

不同年龄段需要做不同的事情。人在 10 岁前后要做一个听话的孩子，在 20 岁左右要做一个好学生，在 30 岁左右要做一个有知识的人，在 40 岁左右要做一个有能力的人，在 50 岁左右要做一个好人，在 60 岁以后要做一个热爱生活的人。只有认清所处的阶段，才能把握好人生的方向。

二、走出强人误区

1. 以自我为中心是强人的特点

强人大多是精明能干之人，他们极端自信，不愿意信赖别人；企业管理是以家庭为核心，不愿意启用能力比自己强的人；他们以自我为中心，注重个人得失，难以融入团队。这些都不利于企业转型升级，不利于团队力量的发挥。

2. 小事靠能力，大事靠团队

中国中小企业平均寿命是2.5年，集团企业平均寿命是7.5年，强人多、团队少是中国企业短命的重要原因。现代社会发展速度越来越快，个人英雄主义的时期已经过去，团队才是制胜的法宝。

要搞好团队建设，大家必须相互尊重、相互包容，少一点自私、多一点责任，以形成和谐的工作关系；对同事要关心，对下属要关怀，对他人要尊重、学习，对需要帮助的人要施以援手；要牢固树立责任意识，领导要勇担责任，为团队安心、踏实做事提供坚强保障。唯有如此，才能形成推动事业发展的优秀团队。

三、做一个自由的平常人

1. 有一颗平常心

努力做事、踏实做人就是平常心。我们要“爱心做人，认真做事，低调发展，和谐双赢”。企业要用平常心来发展，做人也是如此。

新加坡的“世界人”都是有能力的自由人，不受地域和文化限制。接受多文化、多地域、多岗位的洗礼，不断提升自己的能力，平常人也能自由发展。

2. 以他人为中心，与人和谐相处

有了平常心才不会唯我独尊，才会意识到别人的重要性。以他人为中心就是给别人带来益处，时刻为他人着想，克服以自我为中心的狭隘思想。我们要学会“正面看人，全面看事”，坚持“外圆内方”的处事之道，对别人多一点宽容和关爱，对自己多一点反思和克制。

3. 公司是一个发展平台

现在企业分为三种类型：传统企业以产值为中心，民营企业以利润为中心，现代企业以价值为中心。在一个以价值为中心的企业里，公司是个人发展的平台，是一个创造价值的地方。

在市场经济下，优胜劣汰的铁律是无情和公正的，我们既可以在公司平台上发挥聪明才智，也可以寻求更广阔的发展空间，甚至也有可能被公司所淘汰，但无论如何，我们都应保持平常心，不等、不靠、不赖、不消极，积极主动地丰富自己的人生内容，提高自己的人生品质，追求自由人生、价值人生。

爱自己　就要戒烟限酒

人们都希望自己长寿，而长寿的首要条件就是身体健康，因此，在各类祝福中，“身体健康”总是当仁不让地排在首位。身体要健康，就要改掉抽烟、酗酒等不良生活习惯，过健康而有质量的生活。

烟草自 15 世纪末期被人类使用以来，大家一直在研究烟草的作用，希望能发现它对人类健康有利的东西，从而为烟草爱好者找到吸烟的理由。很可惜，科学给出的结论是：吸烟对人类健康有百害而无一利。澳大利亚一家健康研究机构的报告称：亚洲男烟民死于肺癌的危险是非烟民的 2.48 倍，而澳洲和新西兰男烟民所面对的死亡危险几乎是非烟民的 10 倍。报告还说，现有亚洲烟民中的 1.6 亿人会在 2050 年前死亡，而且大部分在中国。吸烟不仅给吸烟者带来死亡的威胁，而吸“二手烟”的人所遭受的危害也不亚于吸烟者，因吸烟导致的死亡人数还要翻一番。由此可见，吸烟是害人又害己的事情。

俗话说，酒是感情的催化剂。亲朋好友佳期相聚，小酌几杯，联络感情，增进友谊。科学研究表明，适量饮酒可舒筋活血，有益于身体健康。但凡事有度，如果饮酒过度，不仅伤身伤肾伤胃，而且还会误事，甚至丧命，这时美酒就成了毒药。酒自古就有“穿肠毒药”之说，因酗酒而引发的一起起惨剧足以让我们惊醒。

抽烟酗酒是对己对人皆不负责任的行为，归根结底还是缺乏爱心的表现。我们正在企业内部开展“爱心大行动”，倡导以爱心对待自己、以爱心对待他人、以爱心对待工作、以爱心对待生活，如果你有抽烟酗酒的嗜好，不妨为了自己、家人和同事的身体健康而戒烟限酒，这就是对“爱心大行动”的最好响应。长久形成的不良习惯一下子改掉可能有一定难度，但只要有爱心、恒心，不良习惯就一定能改掉，健康而有序的生活习惯就一定能够建立起来。

有爱心　得好报

一、爱心是成功的基础

爱心是企业生存发展的基础，世界上一切美好的、生命力持久的事物都源自人们的爱心。

爱心主要体现为：爱心对待自己、爱心对待家人、爱心对待工作、爱心对待他人、爱心对待生活、爱心对待自然。

爱心对待自己，首要的是改变自己。优胜劣汰是市场经济的铁律，人一旦跟不上时代的节奏，淘汰是自然的。要不断反思，修炼心智，自我改变，成长提升，这是对自己最大的爱心。

爱心对待自己还要求我们有一个明确的人生规划，不同年龄段与角色转换时一定要加快调整自己。人不能固执，固执就是保守，就会落后。

爱心对待工作，就要敬业爱岗，干一行、爱一行、专一行、精一行，不断超越，做到极致，做得不可替代。只有好好工作，才能为以爱心对待家人、他人创造条件、打下基础。如果不好好工作，只能是“心有余而力不足”。

爱心对待家人，对父母要孝敬，对子女要负责，对爱人要真诚。

爱心对待他人，就要尊重、学习他人，给他人带来益处。作为主管，要关心员工生活，为员工工作和生活尽可能地提供便利；作为员工，要尊重主管、听从指挥，尽心尽力地做好工作。

爱心对待生活，就要热爱生活，以饱满的热情迎接每一天；要珍惜生命，加强锻炼，戒烟限酒；要珍惜友谊，对自己和别人都好一点。要忘记昨天的成功，把握实实在在的今天，踏实工作，享受生活。

爱心对待自然，就是要爱护自然，保护环境。大自然赐予了我们生存所需的一切，我们应以感恩之心好好对待，让美好的大自然持之以恒。

二、正面是成功的原则

坚持正面，就是要凡事往好处想、往好处做，期待好的结果。

在日常工作中，我们践行正面原则，就要多看别人的长处，给别人带来益处，关怀下属，帮助同事，尊重上级。

关怀下属就要关心他们的生活，并根据员工的贡献大小来提高他们的工资、福利等相关待遇，加强培训学习，提高员工的能力，促进成长；对同级支持、帮助，就会互相取长补短，工作上就会互相协作、共同促进；尊重上级是对下属的基本要求，如果光盯着上级的毛病，老认为上级不如自己，不但活得很累，就离失去工作也不远了。

三、学习与创新是成功的方法

学习有三种通道——

（1）读书学习。读书是一个艰苦的学习过程，需要毅力。任何知识都是动态的，需活学活用，不能生搬硬套，而应着重掌握学习方法。只有将学到的知识转化为能力，才能体现并提高个人价值。

（2）学习别人。学习别人靠的是好心态。别人的长处是其经过无数次实践验证的有效方法，属能力的范畴。我们要调整心态，尊重、学习、关爱别人，这样学习才有价值，工作才有方向，生活才有意义。

（3）反省自己。反省自己靠的是省悟，是挖掘自身潜力的过程，通过内心不断地省悟可以去伪存真，逐渐提高自我素质，塑造完美人格。

唯有不断学习、持续创新才能不断提升自我，跟上时代发展步伐，走向成功。

四、双赢与和谐是成功的结果

成功是一个追求双赢的过程，是不断努力的结果，是踏踏实实干出来的。

竞争的主体是自己，而不是别人、同行。争的结果是我输你赢，斗的结果是两败俱伤。同行之间只有相互尊重、相互学习，才能促进各企业优势互补，形成良性的企业发展空间。

坚持“外圆内方”原则，对待他人要热情、尊重，继而发现并学习其长处，唯有如此，才能形成企业的亲和力。亲和力是企业无形资产的重要组成部分。对内要严格要求，多发现自身不足，强化自律与自省。

企业能够发展，成为大家学习的标杆，赢得了消费者的信赖与社会的尊重，在行业与社会中拥有了影响力，才真正形成了企业的实力。

唯有合作才能将事业做好，唯有双赢才能实现和谐发展。因此，无论是个人还是企业之间，我们都要相互尊重、相互关心、相互学习，忌争戒斗，共谋发展。

不断调整自己　坚定地用爱心面对明天

新加坡的美丽是华人聪明才智尽情发挥的典型案例，它展现了华人不亚于任何人的创造力和智慧。中国国内目前正在发生众多变化，逐步走向更高文明水平。但与国外相比，我们还有一定差距，差距的关键就是爱心不够。

一、国内有些现象值得思考

1. 过分重视结果，重视金钱，忽视了过程的重要性

很多人对日本颇多反感，其实，走近了你才会发现，日本人多有严格自律的品质，做事非常精细。日本有很多百年食品小店，深受顾

客青睐。他们的共性是：干一行爱一行，做事讲究做细做好，不图做强做大，反而能做得更长久。日本人的经验说明：过程做好了，自然就会有好的结果。

2. 国内浪费现象严重

基督教认为，金钱是上帝的财富，人们只是在替上帝管理罢了。我们应该明白，钱少时归个人所有，钱多了就成社会的了。同样，企业是社会的，责任是自己的；赚钱是社会的，赔钱是自己的。将责任归于自己，一切金钱财富都将归向社会。

人才的浪费是最大的浪费。当前，本科生、硕士生、博士生越来越多，海归数量也在逐年增多，这是我们最大的人才优势。然而，很多公司没有运用这个优势，不敢用人，不会用人，也不相信人才。

3. 说假话，考试作弊，做事投机偷懒不认真

国外把信用视为最重要的事情，作弊是十分罕见的。国内作弊现象多发，也是因为爱心缺失。其实，人与人之间的差异在30岁之前并不大，30岁之后才开始拉开距离，爱心意识的有无是拉开差距的关键因素。

二、善有善报，努力才有好的回报

1. 善报是正面结果，恶报是负面结果

正面就是凡事往好处想、往好处做，期待好的结果。善就是正面做事，善报就是正面结果。恶就是负面做事，恶报就是负面结果。好的习惯能够不断感染人，不良习惯也能不断传染人，进而影响整体风气。

2. 爱心是用心做事

我们的原则是“爱心做人，认真做事，低调发展，和谐双赢”。

用心做好事，就是要做对自己成长有益的事，对工作发展有利的事，对家人有爱的事，对他人有利的事情。用心做好事就是把爱心落到实处，用心把每件事情做好。

3. 良心的折磨是最大的“天谴”

良心是个人内心的是非感，是做好人好事的责任感，以及对做坏事的内疚感和罪恶感。“天谴”是上天的责罚。一个人如果做了太多坏事，一定会受到上天的责罚。“天谴”不仅是外在的痛苦，更重要的是内心无休止的折磨。

三、美好明天需要自我不断地争取和努力

1. 美好明天需要放手去干，不能畏首畏尾

我们提倡不断改变自我、提高自我、丰富自我、完善自我，努力让自己成为一个富有爱心、对别人有益、受人尊敬的好人。每个人都有理想，但不是每个人都能实现理想。很多人想得多做得少，面对事情，往往喜欢人为设置一些困难，把事情想得很难，不敢放手去干。就我个人经历而言，明天不需要想太多，做事情要先做再想，边干边想边完善。干一行才能爱一行，不是爱一行才干一行，工作是越干越会干。

2. 充满爱心的明天需要自我努力

人的成长是在不断向书本学习、向他人学习的同时，不断自我反省的过程。

3. 爱在今天，收获明天

中国经济会快速与世界接轨，状况已经开始向好的方向转变。我们只有努力做事才能有好的回报。不能做对不起别人和社会的事情，不能做妨碍别人的人。中国人是爱学习的，不久之后中华民族会成为

一个爱学习、会创新的民族。

爱心是一切成功的基础，要努力让爱心成为一种习惯。不断学习创新、认真做事，我们相信一定会有好的结果。

改变自己　迎接美好未来

人生是个不断改变自己、提高自己、丰富自己、完善自己的过程。只有把握好今天才会有美好的明天，把握好今天的关键就在于改变自己，使自己适应不断变化的社会。

一、坚持用爱心改变自己

改变自己就是以爱心对待自己。爱心对待自己就是要做到改变自己、提高自己、丰富自己、完善自己。市场经济两大铁律——“对物，质优价廉；对人，优胜劣汰”，它要求我们必须不断改变自己，以适应不断发展的社会。

爱心与潜力成正比。正常人所发挥的潜能只是个人潜能非常小的一部分，人的大部分潜能并没有得到有效开发。在 30 岁以前，人与人的差异并不大，以后才会逐渐拉开差距，而拉开差距的正是潜能发挥的程度。

大爱无疆，好人做好事必定有好的回报。老子说：“天道无亲，常与善人。”把好的一面留给别人，也是留给自己，这就是大爱。

二、敬天爱地，保护环境

环境有内外之分。内环境是指人的内心环境和人的修养，外环境是指自然和社会环境。我们强调把工厂做成花园式工厂，把养殖场做成环保、绿色、生态的示范园，就是把外环境改造好。我们用爱心文化统筹企业文化，就是改善人的内在环境。

内外环境相互影响。好的外部环境可以使人身心愉悦，提高工作效率，从而使内心得到净化。人的内心环境同样可以影响外部环境，一个心灵不健康的人根本不会用爱心对待自然，反之亦然。

爱护环境、珍惜资源也是有爱心的重要表现。浪费是当前非常严重的问题，我们倡导“吃好不吃贵，喝好不喝醉，坚决反对浪费”，从上到下，我们每个人都要杜绝浪费。

三、改变自己要走出六大误区

名、利、大、强、色、钱是人生的六大误区。名使人变虚，利使人变霸，大使人变松，强使人变老，色使人变乱，钱使人变小。

一叶障目，不见泰山。很多人容易走进这六大误区，被遮住双眼，看不清楚方向，从而做出很多不恰当的事情。我们要切记，昨天的成功是今天最大的绊脚石。不要拿着昨天的成绩来故步自封，昨天已然过去，今天还在进行，明天还未到来。

四、改变自己要准确定位自己

所有权与经营权的分离。公司的所有权属于股东，经营权属于职业经理人，职业经理人对股东负责，不能做逾越之事。

做事情都是为自己做的，不是为别人做的。很多人以为工作是为公司做的，为老板做的，其实工作是为自己做的。只有在工作中我们才能把知识转化为能力，才能有事业的提升。

打造年轻化的团队。年轻化是不可逆转的趋势，公司要打造一支年轻化、专业化的团队，同时也要为年龄大的人找到新出路，企业进军餐饮行业，就是为了解决“老有所养”的问题。

五、创新能力促进个人发展

中国最大的浪费是人力资源的浪费。个人能力的发挥，必须边干边学边创新。现在年轻的专业人才很多，他们缺少机会，造成人力资源的极大浪费。

创新能力的培养。社会发展越来越快，市场更是瞬息万变，创新能力就成为竞争中至关重要的方面。个人能力的提升在于创新工作方法、学习方法，提高工作效率。

人生是不断学习的过程，学习有三条途径：一是读书，读书需要毅力；二是向他人学习，这种学习需要良好的心态，要看到他人的优点，包容他人的缺点；三是反省，反省需要智慧。

让我们不断改变自己，努力使自己成为自由人，努力让自己成为富有爱心、对别人有益、受人尊敬、受人欢迎的好人。

第二章

内求：管理的秘诀

提要

张唐之先生认为，“自我反省是人生的最高境界”“克己自律是各级主管的必要修炼”。他说：“高层要自省，基层需自律。”张唐之先生将解决困难和问题的基点放在了“内求”上。他说：“企业、行业也像人一样，一旦成熟了，就不再成长了。任何不断成长的组织和人，都会不断犯错误。只有不断纠正自身的错误，才能持续、稳定、健康地成长。”

“内求”思想深藏于中国传统文化之中，尤其是佛教文化之中。我国民间有句俗话叫“会怪人怪自己，不会怪人才怪别人”。

在生活中，不少人在遇到困难和问题时，第一反应便是“怪别人”。可是，在怪了一大圈之后，问题却依然躺在那里。也有另一种情形，在遇到困难和问题时，有人首先站出来承担责任，并与大家一起积极寻找方法、寻找工具来解决困难和问题。在这一过程中，他的能力得到了锻炼和提高，他本人也得到了领导和同事更多的信任和拥护。

“怪别人”似乎很简单，一张嘴就把困难和问题推得远远的，但这根本解决不了问题。“怪自己”是有点儿痛苦，要反思、自省，要改正、提升，但“怪自己”的结果却使自己得到了成长、企业得到了发展。我们说，命运掌握在自己手中，只有通过改变自己，去积极地影响别人，才能真正解决困难和问题。

任何改进和提升都是“内求”的结果，但前提是你能够发现问题。从这个意义上来说，“内求”首先是一种态度，更是一种能力，而且是一种高水平的能力。

“内求”的能力如何得来？一是市场逼，二是领导逼，三是自己逼自己。最难的其实是自己逼自己，最好的也是自己逼自己。张唐之先生认为，职务越高、责任越大，逼自己应当更严。一旦养成了自己逼自己的习惯，这个人从此便成了一个有“觉悟”的人，他的成长和成功便只是时间问题了。

自私、自我与自信

企业不是处于上升状态就是处于下滑状态，不可能静止不动。企业保持正面就会发展，就有合作的机会；企业处于负面状态，就会失去发展的动力。开放与合作是当今社会的两大潮流，企业打开——股权打开，首先面对的是人，而不是资本和物质。

自私、自我与自信是企业人存在的三种状态。自私与自我往往以侵占他人和集体的利益为前提。在任何形态和环境中，没有任何人愿意与自私自利的人打交道，这是社会运行的公理。作为企业的职业经理人或者投资人，理应把企业看作事业的平台，在成就自我价值的同时也能成就他人和社会。职业经理人、投资人要远离自私和自我。自我是一般人很容易寻找的一种感觉，自我把握不好尺度就是自私，甚至比自私更可怕。一个掌握一定权力的人，过分寻找自我的感觉，处处以自我为中心，实质上就是私欲膨胀的表现。自我是合作的天敌，“顺我者昌，逆我者亡”的风气一旦形成，企业就形成了不能自持的“黑洞”。中国人太复杂，原因就在于自私、自我的成分太多。自信是我们在企业中倡导的一种正向状态，自信来自公正和双赢，公正、双赢来自能力。一个靠能力吃饭的人，在利人利己的同时，就能简化为人处世。做事看绩效，用人看能力，如此，企业就能够形成一种优势互补的团队和激情向上的风气，也就迎来了发展和合作的机会。因此，企业必须以自信为主题。

企业公民教育的基本内容就是反对封建、淡化权力、强化责任、提倡能力。把握好这四个基本点，企业中自私、自我的负面东西就少了，自信这面正向的旗帜就能树立起来。

认清自我　提高能力　丰富人生

实现自我价值、迈向成功，是每个人的美好期望。认清自我、提高能力、丰富人生，是无数优秀人士成功之路的写照。

一、认清自我，是成功人生的开始

现实生活中，很多人都认为自己所想所说所做是正确的，出了问题便怨天尤人；对别人的长处不学习，一意孤行，到头来一事无成，抱憾终生。我们应明白，金无足赤，人无完人，成功的人生首先是正面的人生，而认清自我是走向正面的必经之路。我们提倡不断反省，认识、改正自身不足。只有养成反省的好习惯，时常检讨自身不足，认清自我，保持在正面状态，才能走上成功之路。

在市场细分的环境中，我们要努力提高学习能力，掌握一技之长，把自己变成专业人员，干一行，爱一行，专一行，精一行，杜绝“这山看着那山高”，唯有如此才能奠定事业与人生成功的基础。

二、提高能力，是提升个人价值的基础

一个人的价值是由其能力与心态决定的，能力的提高是学习、实干、反省的结果，而学习能力的增强则是个人能力与价值提升的关键。

读书可以增加知识储备。学无止境，读书是一个艰苦的学习过程，需要毅力。我们反对“读死书”，提倡活学活用，确保将所学知识转化为能力，使知识储备成为促进个人价值提升源源不断的推动力。

学习别人的长处是提高能力的捷径。我们要保持正向心态，善于发现别人的长处，乐于向别人学习，尊重、学习、关爱别人。只有这样，工作才有方向，生活才有意义，个人价值提升才会更迅速。

反省可以挖掘潜力。不断反省可使人认识到自己的不足，主动学习别人的优点和长处，不断挖掘潜能，促使自己不断成长进步；反省还是一种创新能力，世界变化飞速，只有不断反省才能跟上时代前进步伐；以爱心为基础的反省会使人平静、向善，给他人带来价值和益处，为自己赢得更好的合作机会，再通过学习与实干来赢得更大的发展空间。

三、丰富人生，是有形与无形价值的平衡

人生是有形、无形两种价值不断提升的过程，人生价值是有形价值与无形价值的统一与平衡，正是这种统一与平衡促进着社会、企业与个人的不断发展与进步。有形价值是无形价值的外在表现。做事靠能力，赚钱靠机会，一切都是自然而然的过程。同时，我们应认识到，名利是人生的两大陷阱，有形的价值往往都是双刃剑，如果一味地追求，就有可能成为其奴隶。

我们要时常提醒自己，所有有形价值都生不带来死不带去，无形价值才是人生真实而恒久的价值。

自由是人生的最高境界。自由的人都是爱自己、爱他人、爱工作、爱社会、爱自然的，这不仅能让人实现事业的成功，还能促进人完善心智，实现更大的社会价值。

友谊是人生宝贵的财富。人是社会动物，谁都不能离群索居。友谊是漫漫人生路中的和风细雨，弥足珍贵。

以自我为中心的影响

新加坡机场是世界上最繁忙的航空港之一。虽然忙，但很安静。然而，如果是中国人居多的航班落地时，这种安静就会被打破。在入境大厅里，大声喧哗的几乎全是我们的同胞。同样的地方，外国人交谈时，声音往往会低到只有两个人才能听到。我行我素、不在乎别人的感受，是许多中国人的行为习惯，而不妨碍别人则是外国人的行为准则。为什么？我认为，这主要是以自我为中心的心态所导致的。

以自我为中心，就是心中没有别人。这是一种社会现象，是爱的教育长期缺位的结果。这种缺位使人的正向心态发生了扭曲，进而扭曲其行为。

自私就是以自我为中心的突出表现。自私的人往往以侵占他人和集体利益为前提。在任何环境中，没有人愿意和损人利己的人打交道。现在是合作时代，这种以自我为中心、损人利己的人寻求不到合作，更谈不上共赢。这种人没有朋友，人生会很孤独，事业也不会长久。

以自我为中心还容易产生自满、自大、自负的心态。这种人自以为是，过分相信自己、骄傲自大、目中无人，自我感觉良好，看不到别人的长处，也听不进去别人的意见。为展现自我，他们甚至怀疑别人、打压别人。这种人不去学习别人、借鉴别人，自己也很难取得进步。

以自我为中心的人漠视别人的存在，不关心别人的痛痒，当然也得不到尊重，得不到友情。

如果团队中大家都以自我为中心，各忙各的事，缺少协作互补，团队就会变成一盘散沙，运营效率就会大大降低。

仁者之爱，爱人如己，这是获取人生和事业成功的基础。美好的心灵、正向的心态来源于以他人为中心的观念。要达到这样的境界，就要多为他人着想，多看别人的长处，不断学习别人，时常反省、提升自己；以他人为中心就要关心他人冷暖，谦卑做人，坦诚待人，真情感人，形成一种彼此关爱的氛围。以他人为中心的人多了，整个团队就会正向、融洽，个人的激情和创造力就会被激发出来，事业就会欣欣向荣、不断发展。

同样，作为一家企业，如果不为客户创造最大的价值，不为全行业和全社会服务，那么，就谈不上合作共赢，也不会有大的发展。

自我反省是人生的最高境界

人为什么要反省？反省就是检讨，就是反思在做人做事中的得失，以便把事情做得更好，与他人相处得更和谐。可以说，反省是人类进步的阶梯，人类社会的任何一点进步都是从自我反省开始的。

首先，反省解决的是如何做人的问题。做人就是修身，也是通过不断检讨自己的行为，更好地适应他人。修身就是一个不断“减私”的过程，“私”念越少，做人就越成功。人们都喜欢与成功人士交往，这是因为成功人士大多私心比常人少。私心少，爱心就多，对他人、社会的贡献就大。跟成功人士交往，人们在仰慕之外，更多的是放心，人们知道成功人士很少做有损别人的事，带给别人更多的是益处，这种“少私”“无私”形成了成功人士独特的人格魅力，也为他们带来了美誉度，使他们成为社会的榜样。作为社会标杆的成功人士，自我反省是他们的重要特质。成功人士的反省是自动自发、来自内心深处的，它以正向为原则，以是否对他人、社会有益为标准。正是这种正面的主动反省，让他们始终不偏离美德的航向，成功的步伐就会越迈越大。

其次，反省解决的是如何做事的问题。只有把事情的每个细节做好才能把事情做成。反省可以总结得失、寻找差距，对的继续发扬、提升，错的及时避免、修正，从而不断提高能力、挖掘潜力，把事情做得更准确、更完美。可见，反省是把事做好的保证，也是成功的重要基础。

小事靠个人，事业靠团队。任何人都有长处与短处，只有优势互补才能把事业做起来。反省可让人“知不足”，从而扬长避短，互相协作，这正是成功人士的成功所在。成功人士明白，事业是汇聚大家力量做成的，而要把大家凝聚到一起，靠的就是人格魅力。只有仁爱正向、公正无私，大家才敢信任、依靠，从而形成团队，齐心协力，把事业做好。

最后，反省解决的是如何帮助别人的问题。人不是孤立生活在这个世界上的，每个人都必须与别人相处、协作，只有正视、反思自身的不足，发现、学习别人的长处，才能与他人融洽相处、和谐相处，才能与别人有良好的协作。如果我们稍稍留意就会发现，成功人士不仅自己做事优秀，还会不遗余力地帮助别人提升能力、挖掘潜力，让别人生活得更有尊严。因为他们知道，帮助别人就是帮助自己，帮助别人越多，不仅自己快乐，别人也会因感激而更加努力地工作，回报社会。勤于反省的人一定是善于成就别人的人。

做好人、做好事、成就他人是自我反省的必然结果，也是人生的最高境界。

学会醒悟

有一次，在高速公路上过一条并不长的隧道，司机打开了车灯，一位乘客问司机：“不开灯行吗？”司机说：“我以前过隧道不喜欢开车灯，一来隧道不长，里面光线也不差；二来嫌麻烦，认为没有必要开开关关，不料有一天被迎面而来的大卡车撞了个正着，险些命赴黄泉。后来我才醒悟到，开车灯是为了给对方看的，因为汽车经过隧道时，对方是从亮处进入黑暗，视觉难免调整不过来，如果对面来车不开灯，那实在是太危险了……”

是的，照亮别人也是照亮自己，给别人方便也就是给自己方便！

人都有两面性。如果人的私欲膨胀，处处以自我为中心，就无法在社会上立足，因为谁也不喜欢跟自私自利的人交往。经过道德教育、社会实践的磨炼以及自我修炼，人们会越来越认识到利人即利己的道理。损人利己者大家都会唾弃他、远离他，最后使其成为“孤家寡人”；利人又利己就容易互相交流、沟通、合作，做人就会赢得尊重，事业就会实现共赢。

要去掉过重的私心杂念，树立利人利己的信念，这也是美德的底线。唯有如此，我们才能不断反思自己、改变自己、提升自己，使自己始终处在正面状态。反省是一个人对自己内心的反思和检验，是去掉负面、保持正面的良方。只有不断醒悟，人的心态才会一直处于正面状态。人处在正面状态时，心态就阳光，思维就正向，做事就高效，做事就会赢得事半功倍的效果。

一个人如此，一个团队更应这样。时时醒悟自己的团队，方向会更明确，发展会更稳健，事业就会欣欣向荣。

反省自己的基础是爱心。有了爱心，想问题、做事情才不会首先考虑自己，就会凡事多替他人着想。心中有他人，才会看到他人的长处，看到自己的弱点，进而自己的爱心也会得到更大的提升。

反思自己

人生是一个不断发展、不断成长的过程，这个过程是循序渐进、螺旋式上升的，这种上升来源于不断学习、不断检讨、不断反思。从这个意义上来讲，人的成长就是一个不断反思的过程。

反思就是回过头去看，反过来想。很多事情会随着时间、环境的变化，以及年龄的增长、阅历的增加、心态的成熟而发生变化，有的甚至会与以前完全相反。因此，对过去的事情、对以前的自我进行反思，就显得尤为重要。

反思自己就是反思自己的过去，反思自己的心态、能力、成绩与不足，从而更加清醒地认识自我。反思自己其实就是一个认识自我、修正自我、提高自我的过程。静心反思自己，可以发现自己存在的问题，可以去除心中的杂念，理性认识自我，从而对事物有更清晰地判断，以提醒自己，改正过失，取长补短；静心反思自己，可以帮助自己形成正向心态，对万事万物和芸芸众生是否有爱心，对朋友同事是否做到了诚信、宽容，对工作是否尽职尽责、尽心尽力。静心反思自己可以找出差距、找准标杆，并按美德要求自己，努力提升自己，使自己不断成长。反思自己还要求我们站在他人的角度思考问题，事事以他人为中心，处处为他人着想，这样做事就简单，团队就和谐。

反思是一个需要长期坚持的事情，不可能一劳永逸。养成时时反思、天天检讨的好习惯，对人生大有裨益。同时，反思自己的目的在于提高自我，当反思到自己的不足时，要认真总结，及时改正，这样反思才有效果，个人才会不断进步。

改变自己　适应他人

改变自己容易，改变别人很难。为建立和谐、快乐的人际关系和良好的工作氛围，我们必须自律、自省，不断改变自己，适应别人。

适应他人首先要改变自己。卡耐基曾说：“想要他人怎样对你，你就要先怎样对待他人。”所以，我们要有严于律己的心态。多从自身找原因和不足，不断剖析、反省、调整、改变、提升自己，使自己成为一个阳光正向、能力卓越、道德高尚，对他人充满爱心的谦谦君子，在做人做事上，一切以给他人带来益处为原则，“己所不欲，勿施于人”，理解他人，善待他人，成就他人。如此，人缘越来越好，朋友越来越多，欢乐与友爱就会天天包围着我们。

如果我们一切以自我为中心，用自己的眼光和是非标准来要求他人，总是试图改变他人，冲突和矛盾就会产生，甚至引发争斗。如果不是抱着一种宽以待人、与人为善的心态，就会对周围的环境和人吹毛求疵，对他人的行为举止看不顺眼，时间长了就会心生怨气，不仅伤害感情，还会伤神伤身。

适应别人还要学会尊重。要尊重别人的人格，尊重别人的风俗习惯，尊重别人的做事方式。尊重是相互的，尊重他人就是尊重自己。主管尊重员工，爱心对待员工，对员工的一些缺点、错误抱着改进的心态去帮助解决，员工便会以十倍百倍的工作热情回报企业；员工尊重主管，主管当然更乐意去帮助员工成长，会想方设法给员工提供施展才华的舞台。所以说，员工辞职是主管的事，主管做不好，员工的责任也不小。

适应别人还要有一颗宽容之心。星云大师曾说：“让憎恨我的人得到我的祝福，让爱护我的人分享我的宁静，让欣赏我的人散播我的善行，让想念我的人延续我的愿心……”这是多么慈悲、宽容的胸襟呀！世界上最复杂的生物是人，人有七情六欲，人的性格千差万别，做人做事的方法各有千秋，对一些无关大局的小毛病，我们应以宽容之心对待。宽容不够还要容忍，对那些伤害过我们的人，要学会用宽大的胸襟对待，给其以改错反省的机会。如此做人，岂不更有意义？

改变自己　蜕变成长

这是一位英国主教的墓志铭——

我年少时，意气风发，踌躇满志，当时曾梦想要改变世界，但当我年事渐长，阅历增多，我发觉自己无力改变世界，于是我缩小了范围，决定改变我的国家。但这个目标还是太大了。接着我步入了中年，无奈之余，我将试图改变的对象锁定在最亲密的家人身上。但天不从人愿，他们个个还是维持原样。当我垂垂老矣，我终于顿悟了一些事：我应该先改变自己，用以身作则的方式影响家人。若我能先当家人的榜样，也许下一步就能改善我的国家，再后来我甚至可能改造整个世界。

主教用一生悟出了改变自己的重要性。

提倡爱心对待自己，最重要的就是改变自己。改变自己是对自我、对家人、对他人、对企业、对社会负责的体现。只有不断改变自己，才会克服弱点，改正错误，修正方向，提升自己，人生才会逐渐成熟，自我和社会价值才能实现最大化。

改变别人难，改变自己易。我们处在一个复杂多变的社会中，每个人的心态、经历、学识不同，看问题、做事情的角度、方法不同，这就决定了人的千差万别，要改变别人比登天还难，那就试着改变自己如何？原因很简单，因为命运掌握在自己手中，自己一改变，世界就全变了。

改变自己首要的是改变心态。心态决定行动，行动决定结果。一切往好处想、往好处做，就会有好结果，这就是正向的心态。没有这种心态，一切以自我为中心，改变自己就很难。有了正向心态，事事处处为他人着想，把他人放在第一位，虚心向他人学习，改变自己就容易多了，事业自然而然就会成功。所以说，要让事情改变，要先改变自己；要让事情变得更好，要先让自己变得更好。

改变自己要勇于挑战自己、战胜自我，唯有不断改变才能保持旺盛活力。蚕和蛇为什么要蜕皮？蜕皮就是一次飞跃，没有飞跃就会面临死亡。做人同样如此，没有挑战自我、战胜自我的勇气，人生怎能成功？面对各种困难和挑战，唯有不断学习创新，敢于改变自我，才会取得成功。

试着改变自己吧，特别是当你遇到困难和挑战时！

学会感恩

有位中学生与母亲吵架后负气离家，由于匆忙出走，所以未带分文，几经挨饿受冻后，不得不缩身在面店旁，以乞求的眼光看着老板，希望能赏碗面吃。老板给了他一碗面，他非常感激。这位老板说，我给你一碗面有什么好感谢的，你理应感谢的是从小到大每天都煮饭给你吃的母亲呀！

我们天天沐浴在阳光下，呼吸着自由的空气；我们都生活在父母的牵挂、师长的教诲、朋友的关心、同事的帮助之中，可我们真正感谢过他们吗？是的，习惯成自然，有时习惯会让我们变得麻木不仁。

张唐之说

“鸦有反哺之义，羊有跪乳之恩”“滴水之恩当涌泉相报”。我们赤裸裸地来到这个世界，一切都是别人所赐。我们要学会感恩，每个人都要有一颗知恩、感恩的心。我们要感谢阳光和蓝天，我们要感谢清风和明月，我们要感谢花草树木，我们要感谢父母，我们要感谢老师，我们要感谢朋友，我们要感谢同事。

知恩感恩，就能心存仁爱，关注他人，反省自己。常怀感恩之心，便会以给予别人更多帮助和鼓励为最大的快乐，便能向落难或绝处求生的人伸出援助之手；常怀感恩之心，就不会事事以自我为中心，对别人对环境就会少一分挑剔，多一分欣赏，就能更好地与人相处；常怀感恩之心，就会时常反省自己，找出不足，调整心态。

感恩是一种正向心态。一个拥有感恩之心的人从不会觉得世界欠了自己什么，相反，他会为自己无以回报这个世界而愧疚不安。他认为自己应该尽心尽力做好分内的每件事，不惹是生非，否则就愧对这个世界。我们应该真诚对待自己的家人、朋友、同事，去关心他们，爱护他们，帮助他们，否则内心就会不安，良心就会受到谴责；我们必须用感恩之心去爱护自然，爱物惜物，珍惜周围的一切，物物都需成本，件件都需费用，一切皆思来之不易，不奢侈、不浪费，要尽力做到物尽其用。

感恩不仅仅是感激那些给你帮助、给你关怀、给你幸福的人，对那些伤害过、欺骗过你的人，也要以一种宽容的心态去影响他们。如此，你的心胸就会像大海一样宽广，像蓝天一样辽阔，任何困难和挫折都能承受，你就会永远生活在感恩的世界里，你就会成就一番事业！

拥有了感恩之心，人的心里就会充满真善美，心态就会平和正向；拥有了感恩之心，人就会积极主动、乐观进取，就是天下成功并幸福着的人。

干　拼　博

一个人、一个团队，但凡要干成点事儿，都缺不了三种品质：干、拼、博。

干，就是实干。干是一个人能力的体现，是能力展示的过程，干才能有作为、出成绩；干是事业的需要，任何事业都是实干家干出来的。干就要扑下身子，踏踏实实，一步一个脚印地干，日积月累，终成大事。提倡干就要反对只说不做，反对指手画脚。有的人对工作多的是空想，少的是实干；多的是被动应付，少的是积极主动；多的是隔岸观火，少的是赴汤蹈火。提倡干就要反对浮躁心理。中国企业的平均寿命之所以短，浮躁是一个很重要的原因。浮躁让人只注重表面，做事沉不下去；浮躁让人只注重当前，眼光无法长远，失败便成为必然。

干，还缺不了拼的精神。拼就是拼搏，拼搏的内涵至少应当包括不怕苦累、不怕风险、敢于奋斗三种精神。人生能有几回搏？现代社会是一个充满竞争的社会，竞争无处不在、无时不在，要想胜出，要想不被淘汰，就得拼搏。现代社会又是一个充满机遇的社会。有了机遇，你就得拼一拼、搏一搏，爱拼才会赢。拼搏就意味着向困难挑战，向人们没有做过的事情挑战。只有把拼搏、挑战当成乐趣，才能把自己的潜力发挥到极致。拼搏是团队领导者必须具备的素质，只有“将”敢拼、善拼，“兵”才能被感染、带动，才能上下同欲，事业才能朝气蓬勃。

博，就是博大，人要有博大的胸怀，团队要有包容万物的气魄。无论是一个人或者一个团队，要成其大、成其高、成其远、成其美，一定要有博大的胸怀。要做到博大，先要包容。一个人，特别是一个团队的“帅”，必须拥有博大的胸襟。人才不管来自何方、身份如何、学历高低，只要有能力，都能接纳。有了容纳异己、罗致十方的胸怀，这样的团队才是人才济济、战无不胜的团队。同时，还要允许失误，“人非圣贤，孰能无过”，关键是在出现错误之后，管理者要及时纠正、指导，让失误不再发生。做到博大，还要有合作的心态。要敞开胸怀，同所有人合作，实现共赢。做到博大，还要尊重差异。每个人的文化教育背景不同，性格和生活习惯及工作方式、工作能力也有很大的不同，要承认人与人之间的差异，互相尊重，取长补短，共同提高。

克己自律是各级主管的必要修炼

有什么样的主管就会有什么样的员工，各级主管，特别是高管，都是员工的表率，他们的一举一动、一言一行直接影响着员工的心态和行为，关系着企业的生存发展。

如何成为员工的榜样？克己自律是各级主管的必要修炼。

克己自律的主管多为下属所喜爱。克己自律的人是自控能力很强的人，他能够约束自己的行为，让自己始终处于正面状态。正面与负面是一个人的两面，当他能够自控，其行为符合多数人意愿、能够为他人带来益处时，就处于正面状态；私欲膨胀，不尊重别人的感受并损人利己时，就处于负面状态。正面如爬山，需大家齐心协力，互相帮扶；负面如坐滑梯，没等回过神来就已经到底了。一个团队是正面还是负面，关键是看主管。主管的喜好常常决定着团队的喜好。如果主管花钱大手大脚、抽烟喝酒说假话，下属自然就会效仿，企业的奢靡、虚假之风就会盛行。“楚王好细腰，宫中多饿死”，说的就是这个道理。

克己自律的主管多数为人谦卑，不自大、不张狂，能尊重别人并虚心听取别人的建议和意见。自律使人清醒，让人知道“尺有所短、寸有所长”。知不足，人就会谦卑、不张狂，就会虚心学习别人，并与别人和谐相处。容人、容事就能形成团队。团队是各类人才的聚合，是不同性格、不同背景、各有所长的人才的协作组合。作为团队主管，就意味着要多担当、多付出，严以律己、宽以待人，像仆人一样以他人为中心，把服务别人作为终生的信念，始终让别人满意。尊重源于威信、责任，而不是权力。权力是短暂的，责任是长远的，威信是永久的。

克己自律的主管让人心悦诚服。律人先律己，作为主管，要求别人做到的，首先要自己做到；自己做不到，却要求别人做到，别人即使勉强去做，也不会心甘情愿，执行力就会大打折扣。克己自律的主管就像黑夜中点灯的人，在照亮别人道路的同时也会照亮自己的前程。

自省不仅能让人自律，也能让人在看到自身不足时挖掘自身的潜力，潜力挖掘得越深，给别人的益处就越多。当自省成为一个人的良好习惯时，自律就成了常态。人什么时候丢弃了自省、自律，就会放任自流，负面就成了一个人的主流。

自省让人自律，自律让人自信。自律的人总是为别人着想，他的周围也因之洒满和谐的阳光。和谐是相信的基础，相信自己、相信别人、相信团队、相信社会，凡事相信，才能与别人、社会保持和谐，才能胜似闲庭信步，真正迈入自信的广阔空间。个人自信成就事情，团队自信成就事业，社会自信成就美好的人生。

自省挖掘潜力　自律提高能力

一、自省是挖掘潜力的重要方式

成功不可能随随便便，成功的人一定有其常人所不及的特质，反省则是重要特质之一。反省就是对照别人，检查自己的过失和错误。但凡成功人士，都是善于反省的人。

反省是有标准的。成功人士的反省是以对别人是否有益为标准。但凡受人尊敬的成功人士，做人做事的出发点往往以是否对别人、社会有好处为标准。成功人士明白，事业成功不可能仅仅靠自己去完成，需要凝聚大家的智慧与力量，而凝聚大家的基础就是做对别人、社会有益的事。只有这样，别人才愿意追随与合作，共同把事业做好；对社会付出，社会才能给予回报，才能在社会的支持下把事业做大。只有以爱心为做人做事的基础，以正向为内心秉持的原则，所做的事才不会偏离对别人、社会有益的轨道。

反省是有标杆的。成功人士的反省以比自己好的人为标杆。别人是自己进步的阶梯，以别人为镜才能发现自己的不足。成功人士“比上”而不“比下”，“比上”就是以比自己更成功的人为标杆。“比上”能让自己知道“天外有天，人外有人”，不敢自满自夸，就会变得更谦虚、更爱学习、更有进取心。成功人士的标杆并非一成不变，每个阶段都会有新的标杆出现，唯此才能保证不断进步。

反省是以他人为中心的。成功人士的反省常常是一种少“我”的反省，也就是换位思考。如果一个人凡事先考虑自己，就容易自私自利，遇事稍有不顺就会怨天尤人，这样的人很难有支持者、合作者，做成事的概率也较小。成功人士的反省多是以他人为中心想问题、做事情，凡事先考虑别人的感受，也就是先人后己。成功人士之所以拥有众多拥护者、合作者，就是大家被其高尚的人格所吸引。“得道多助”，想不成功都难。

反省可让人内心平和、安静。我们生活的世界充满了诱惑，充满诱惑的世界又容易让人浮躁。当内心为利益所驱使时，就会心神不定，今天想做这明天想做那，最终一无所获。反省能让心灵平和，平静方能剔除内心的杂念，坚定地专注于某项事业。成功人士的诀窍就是干一行、爱一行、专一行、精一行。

反省也是自我提升、挖掘潜力的重要方式。反省就是检讨，不断检讨才知道对错、得失。对的继续发扬、提升，错的及时避免、修正。人的能力与潜力就是在不断反省中得到提升与释放的。

反省能品尝人生的滋味，只过日子不反省，犹如囫囵吞枣。“吾日三省吾身”，只有时常检讨自身不足，才能消除杂念，摆脱浑浑噩噩的生活。反省让人生活更从容、目标更明确，更能使人在遍尝人生滋味后抵达成功的彼岸。

二、自律是提高能力的有效途径

自律首先是克己。自律是内心正面与负面激烈搏斗的结果，克己就是不让自己内心自私的欲望膨胀起来，始终让自己处于正面状态，为他人、社会带来益处。

自律使人谦卑。自律使人清醒，让人知道“尺有所短，寸有所长”，能容人容事，形成团队。团队是各类人才的聚合，是不同性格、不同背景、各有所长的人才协作。小事靠个人，大事靠团队，只有自律才能融入团队，才能拓展自己的人生宽度与深度。

自律让人自信。自信不是依赖自己，而是信任别人。相信自己、信任别人、融入团队，凡事相信，才能与别人、社会保持和谐，也才能真正迈入自信的广阔空间。

高层要自省　基层需自律

一、企业高层要坚持自省

反省是自我修炼、提升个人修养的基本方法，是优秀人士普遍具备的重要特质，也是企业高层管理者必须具备的素养。

1. 反省是走向正面的主要途径，选择反省就是选择成功

反省要以爱心为基础。以爱心为基础的反省会使人平静、向善，做事首先考虑对他人、对社会是否有益，能否给他人带来益处。如此才能赢得更好的合作，得到更多的帮助和尊重，个人和事业才容易成功。

反省要以对别人有益为标准。事业成功不能仅靠一个人去完成，需要凝聚大家的智慧与力量，而凝聚大家的基础就是做对他人、对社会有益的事。

反省要以学习标杆为提升手段。成功人士“比上”而不“比下”，“比上”就是以比自己更成功的人为标杆。标杆并非一成不变，每一阶段都会有新的标杆出现，这会督促我们不断进步、提升、完善。

2. 反省是挖掘潜力的过程，可以加强自律、提升自我、凝聚团队

反省可以挖掘自身潜力。反省就是检讨，不断检讨才会知对错、知得失，做人做事才能恰到好处。对的继续发扬、提升，错的及时避免、修正。人的能力与潜力就是在不断反省中得到提升与释放的。

反省可以增强团队凝聚力。正视、反思自身不足，发现、学习别人的长处，才能与周围的人融洽相处。遇到问题勇于承担责任，求同存异、优势互补，才能构建团队，朝共同目标奋进。

反省可以使人平和感恩。反省能让人目标明确，坚定地专注于某一项事业，在该领域有所作为；时常检讨自身不足，消除杂念，能让人生更加从容。

二、基层员工需强化自律意识

自律就是不让内心的自私欲望膨胀起来，而是让自己处于正面状态，养成良好的习惯，为他人、为社会带来益处。基层是企业发展的基石，基层员工强化自律是企业持续发展的重要保障。

做人做事要踏实认真。付出总有回报，这是自然法则。一切往好处想、往好处做，就会有好结果。中基层员工要坚守专业领域，干一行、爱一行、专一行、精一行，不断提高业务水平，为自身生存发展奠定基础。

做人做事要正向。做事正向的人光明磊落，坦荡无私，生活在幸福平安当中。我们要克制私心杂念，遵纪守法，修炼品德，养成良好、健康的习惯，在学习与创新中不断改变自己，提升人生境界。

做人做事要有爱心。爱心重在栽培和修炼，认识自己、反思自己、改变自己，不断改正自己的缺点和错误，让自己成为一个有爱心

的人。用爱心对待自己，用爱心对待他人，用爱心对待工作，用爱心对待生活，如此，人生和事业才会一帆风顺，这是爱心给你的回报。

反省的重要性和必要性

曾子曰：“吾日三省吾身，为人谋而不忠乎，与朋友交而不信乎，传不习乎。”先贤尚且如此，我们更得提醒自己不断反省。

所谓反省，“反”即返，指反观自身；“省”就是省察觉悟。犯错误并不可怕，可怕的是总犯同样的错误，还怨天尤人，老是寻找借口逃避责任。反省是通向成功的阶梯，不愿反省、推卸责任实际上是丧失了通过分析问题获得成长的机会。

我们反省什么内容呢？第一，要反省自己有没有做到以爱心对待自己。因为一个对自己负责的人会定期反省自己。例如，反省自己的行为是否符合道德和法律的要求，有没有做到心中无愧，自我提高的计划有没有按时完成。第二，要反省自己有没有以爱心对待工作，有没有按时完成工作计划，产品有没有达到要求，工作上还有什么不足。第三，我们要反省有没有以爱心对待家人。家人是我们持续工作和健康生活的后盾，家庭是否和睦是考察一个人品质的重要参照点。第四，我们要反省有没有以爱心对待他人，是否真心关爱、帮助他人，是否把别人当作朋友、客人。第五，我们要反省有没有以爱心对待生活。一个对生活充满信心和希望的员工比一个孤独厌世的天才要好得多。我们要多看生活中好的方面，锻炼身体、戒烟戒酒，以积极健康的生活态度处世，并影响他人。

我们还要反省自己的公私心。人有公心和私心，随着年龄的增长，人的公心应该越来越大，私心越来越少。儿童如果有私心还可以原谅，毕竟他们还在成长，但 50 岁以上的人如果私心仍然很重就不能原谅了。同样，企业是社会的组成部分，不是个人的，更不是封闭的，我们不要把企业看成私有财产，要把企业做好，对社会负责。

反省是为了做到以他人为中心，做到相互尊重、相互关心、相互学习、相互合作。个人的提升和发展需要从别人身上来反观自己。精明人以自我为中心，不愿意用能力比自己强的人，不敢放权，任人唯亲，亲力亲为，结果越做越累，事业越做越糟。我们提倡信任、敢用、多用能力比自己强的人，将人才视为公司第一财富，在企业平台上团队协作、专业发挥，实现事业的持续发展。

反省的目的是提升自我，扩大发展空间。学习有三种方式，一是读书学习，将知识转化为能力；二是学习标杆，将别人的经验运用到工作当中；三是反思，挖掘自身潜力。作为学习的一种方式，反省自己就要打破思维定式，把固定的思维方式、行为习惯、因循守旧的思想打破。经常自我反省的人，工作就会不断进步。

反省的一个重要意义就是挖掘自身潜力。人的潜力是无穷的，但人的大部分潜力都没有得到发掘。很多时候，人们容易高估自己的能力，抱怨没有人赏识和发现自己，其实是我们自己没有发掘自己。反省是挖掘自身潜力的重要方法，通过反观自身的缺点和不足，来增强学习的动力，可以不断提高自身的能力和价值。

当然，我们也要避免两个误区。第一，反省不是否定。反省是在坚持正确方向的前提下，对工作方式方法进行修正和改进，而不是对过去的全盘否定。我们在发展过程中会遇到很多问题，只要方向正确，问题就不可怕，可怕的是逃避和忽视。第二，反省不是目的。反省的目的是发现问题，避免再犯同类错误。因此，反省意味着提升，是必须有的一项工作，养成反省的良好习惯，人才能真正走上自我提升之路。

谷子品格与谦卑精神

越是饱满、成熟的谷子头越低，越是腹中空空的秕子反而将头昂得很高。人们以物喻人，将谦卑的美德称为“谷子品格”，而把那些没多少本事却张狂、高傲、自夸的人喻为“秕子”。无论是企业还是团队，我们都应大力提倡谷子品格，弘扬谦卑精神。谦卑的本质是以他人为先。

谦卑的人是能成大事的人。我听说内地一个访问团慕名前往香港参观李嘉诚的企业，一出电梯，发现一老者早已在电梯口笑脸相迎。当得知他就是李嘉诚时，大家感慨不已：没想到亚洲首富竟是如此平易近人、和蔼！我们可以闭目回想一下，身边的成功者中有没有趾高气扬、不可一世的人？没有！

谦卑是一种大度和包容，谦卑的人很少招人嫉妒、忌恨。奴颜婢膝、趋炎附势与谦卑无关，谦卑是一种博大的胸怀。谦卑的人都有一颗包容的心，对人热情而真诚。

自高自大的人往往认为自己比别人强许多，看到的都是自己的优点，从来不会主动向别人学习。谦卑的人看别人的长处多，因知不足而勤学习，自己的能力反而会不断得到提高。谦卑的人善于反省自己，因而人际关系良好，更容易获得学习机会。

谦卑的人更容易找准自己的位置。人不能孤立地生活在这个世界上，任何人都需要与别人交往、合作。谦卑的人尊重别人、理解别人，也易于得到别人的尊重和理解，双方合作的基础自然就在其中了。

像爱护眼睛一样爱护无形资产

一个企业拥有的资产以两种形态存在：一种是有形资产，指有一定实物形态的资产，如机器、厂房、资金等；一种是无形资产，它一般没有具体的实物形态，如企业的人力资源、品牌形象、社会美誉度等。

一个企业所拥有的财富是有形资产与无形资产的总和，有形资产说明的是企业现有财产的多少，而无形资产则决定企业未来价值几何。没有优良的无形资产做支撑，企业的有形资产也会贬值。可见，无形资产不仅最终决定一个企业的财富多少，还是企业实现持续发展的基石。要想做到基业长青，就必须像爱护眼睛一样爱护无形资产，使之不断正向积累。

懂得爱护无形资产的企业，必定以爱心对待员工，不断为员工创造实现自我发展和人生价值的条件。企业是人品与产品的组合，人品决定产品。只有用爱心对待员工，并创造条件让员工不断提升，使之有机会实现自我价值，员工才会愿意为企业付出；人有爱心，为人就会简单正向、充满阳光，就会不断学习和进步，由这样的员工组成的团队就会更有活力，这样的企业也才会让客户和社会更信任。

懂得爱护无形资产的企业，必定会以客户为中心，不断为他们创造更大的价值。产品与服务是企业品牌形象的最好载体，客户的认可与称赞是提升企业品牌形象的关键。始终以客户为中心，企业势必会眼光长远，做到换位思考，想客户之所想，以不断引导和满足客户的健康需求为途径，不断降低成本，提升产品及服务的质量，而不会因为蝇头微利置客户利益、企业形象与长远发展于不顾。

懂得爱护无形资产的企业，必定会积极承担社会责任，为社会、行业发展积极贡献力量。社会是企业生存与发展的土壤，社会稳定、行业健康是企业发展的基础。企业积极承担社会责任，就会千方百计为社会提供更多健康安全的产品，对消费者与社会负责，而不为追求一己私利损害整个行业与社会的健康发展；就会热心社会公益事业，在社会和他人需要时积极伸援手、献爱心。这样的企业，社会必然回报以关注与支持。

像爱护眼睛一样爱护无形资产的企业，必将得到员工热爱，同行尊重，社会支持，这样的企业必然活力无限、基业长青。

正面是一种积极向上的心态

人类有两种截然不同的心态，值得我们去探究和深思。

一种是乐观、热心、积极、向上。无论遇到什么艰难困苦，具有这种心态的人从不气馁，百折不挠，遭遇挫折和失败，他们更多的是自省自察，思索的是如何改变自己；他们总是把痛苦和悲伤留给自己，把轻松和快乐带给别人。在团队中，有了他们，就有了信心、活力、智慧和力量。但凡成功人士都具有这样的心态。

另一种则是唉声叹气、怨天尤人。持有这种心态的人总认为自己就是世界上最倒霉的人，他们思考问题、做事情首先想到的是自己，习惯以自我为中心，如果稍微触及他们的一点利益，他们能把对人、对事的看法全部颠倒过来。他们考虑问题反面、负面的东西比正面的多，久而久之，心理、性格很容易发生扭曲，交往的圈子也会也来越窄，朋友越来越少。

这就是正面与负面两种心态所产生的不同结果。

我们常说，往好处想，往好处做，这就是正面心态；反之，就是负面心态。正面心态让人积极向上、催人奋进，负面心态则让人落后保守、牢骚满腹。一个企业或团队，持正面心态的人多了，大伙必然会不断学习进步，日益成长壮大，在这样的氛围中，那些心存负面的人也会被感化、带动，内心正面的东西就会愈来愈多。

培养正面的心态首先得培养仁爱之心。我们常说，爱是世界上最伟大的力量。爱可以恒久忍耐、改变缺点、知晓感恩、宁静平和、溶化他人。人什么都可以拒绝，唯有爱是无法也不可能拒绝的。内心有爱，考虑问题、做事情首先想到的就会是别人；内心有爱，正面与负面发生激烈碰撞时，正面就能战胜负面；内心有爱，为他人的服务就是自觉自愿的，而不是被动强迫的。

具有正面心态的人说话、行事非常简单。中国人善于把简单的事情复杂化。何也？处处设防，考虑得太多。一件事明明如一杯清水般透彻，一眼可以望穿，也要反反复复权衡、考虑、掂量、比较，想得越多事情就会越复杂，考虑来考虑去，做什么事也晚了三秋。有句俗语叫“害人之心不可有，防人之心不可无”，此话的重点不在“害人之心”上，而在“防人之心”上，心存一个“防”字就会把自己封闭起来，不敢与人沟通，不敢与人交流真实的想法，越是防人自己就会越累。培养正面心态就要让自己说话、做事简单化。正如合作，越是简单，合作的生命力就越长久。

培养正面心态重在修炼。修炼既是个人修养的不断深入加强，更重要的还是团队成员之间的互相影响，特别是领导人的以身践行，如此，一个人、一个企业或团队的正面心态就能逐渐树立起来。正面心态能够改变一个人、一个企业或团队甚至整个社会的命运。

权力的危害

权力最普遍的定义是一个人对另一个人（一个群体）的控制力，通过这种控制力指使别人去做某些本来不一定愿意做的事。它的最大特点是控制性。对团队领导者来说，过分看重和迷恋权力会对个人和团队带来很大的危害。

我国的封建专制具有两千多年历史，封建专制靠权力支撑，权力象征着地位、权势、力量，这是崇拜权力的思想根源。就人性而言，一些人总想用权力去控制、影响别人，以达到自己的目的。然而，在现代民主法制社会里，特别是在一个具有现代管理意识的团队里，权力的控制力将会越来越小。

有个笑话不妨一听：一位领导很注重权威，好独断专行，但却想树立平民形象。为此，他经常给员工讲笑话，每次大家听完都哈哈大笑。一次讲完后，有个员工却毫无笑意，他就问："你为什么不笑？"这个员工冷冷地说："明天我就要离开这里了！"

权力不能带来激励，不能产生激情，它容易使个人疲于应付，让团队如一团死水；权力是逼迫的、强制的，不会让人自觉自愿，不会带来工作的快感和兴奋；权力让人争斗，互相猜疑、拆台、不信任，极易产生窝里斗，使企业失去创值的本来意义；权力不能使人产生认同，无法让人沟通，不能使团队的意志得到很好的贯彻执行；权力不能使人有合作的心态，凡事喜欢一个人说了算，合作的基础便没有了，更谈不上共赢。

一个团队，特别是其领导者，如果崇尚权力，就会刚愎自用、独断专行，听不进去别人的意见，最终沦为孤家寡人；就会使团队产生等级观念，产生宗派主义，出现小集团、小群体，使团队失去向心力、凝聚力，团队便会停滞不前，面临覆灭的危险。崇尚权力还容易使人私欲膨胀，滋生腐败，甚至使人为所欲为，危害团队。

反对崇尚权力，提倡提高能力。威信的树立来自能力，而不是权力。能人树威信，强人树权威。权力只是一时的，能力则是终生的；权力给人的是打击，是压制，能力给人的则是信服，是动力。能力来自学习、借鉴和锻炼，一个注重打造能力的团队，将是一个能持续创造价值的团队。

层次的危害

层次就是层级、等级。一个团队中如果有层次、等级观念，就会造成不平等、不民主，就会束缚人崇尚自由的天性，挫伤多数人的积极性，使团队丧失激情和活力，团队、事业距离衰败就为期不远了。

层次是封建、落后的东西，它带来的是压制、束缚、不平等甚至抗争，这与人追求自由平等的天性、与现代民主管理理念是背道而驰的。一个团队如果过分强调层次，就会出现三种情况：一是位高者自我意识膨胀，一切以自我为中心，独断专行，自我感觉良好，听不进别人的意见，不能与人沟通，管理决策容易出现失误；有的甚至为维护个人权威搞帮派，靠不正当手段去打压员工，导致团队内部关系紧张，纷争不断，内耗加大，影响团队发展。二是使管理缺乏民主气氛，员工的工作热情和积极性下降，激情和创造力的发挥受到限制、阻碍，员工工作不思进取，当一天和尚撞一天钟，团队因此失去发展的动力。三是使管理没了人情味，员工丧失了对团队的认同感，对团队缺乏感情，工作干得不舒心、不顺心，一有机会就会跳槽，导致人才流失。实践证明，在现代社会，靠层次去管理团队效果不好。

我们反对层次，就要提倡平等，提倡合作。在团队中，无论做什么工作，只是岗位分工不同，人格都是平等的，大家都是平等的合作关系，都应互相尊重。也许个人能力有所不同，但这种不同应由收入来体现和调节，不能由等级来约束限制。提倡平等，就要在团队内形成公正氛围，对事不对人。提倡平等，就要倡导每个人都把查找问题当成自己的责任，敢于承担责任，并把解决问题作为我们的工作。只有平等，大家才会做事积极主动，认真负责，敢于创新。在这种民主平等、互相信任的合作关系下，大家的激情和创造力才能被激发出来，心往一处想，劲往一处使，团队才会朝气蓬勃，事业才能持续发展！

要面子的危害

被尊重是每个人的共同需求，但如果过分追求，就成了负担和累赘，中国人对此的总结就是“死要面子活受罪”。人如果一味追求“面子”，就会带上假面具，不仅误己，也会误人。如果是领导，就会使团队偏离正途，让事业受到损害。

到饭店吃饭，为了有面子，不算自己收入情况，也不管客人有几位，通通点上满满一桌子菜，最终造成浪费。这是为了面子不计成本的典型事例。如果任其发展下去，这样的人就会失去为人处世的基本准则——实事求是。

为了面子牺牲原则，既会损害自己，也会损害团队甚至社会。清朝末期，国库已经非常空虚，但慈禧要过生日，为了面子好看，北洋水师的军费便变成了为“老佛爷”祝寿的颐和园，结果甲午战争一败涂地，十二年后清朝便走到了尽头。在一个团队中，如果大家都讲面子、爱虚荣，相互之间互相吹捧，什么事都和稀泥，团队就会失去创新能力，企业离倒闭也就不远了。

要面子、爱虚荣还会导致虚假、虚伪的风气。为了面子，说话办事不从实际出发，就会掩盖真相、弄虚作假。虚假的东西多了，真理就没有了，一个团队就会处于覆灭的危险。要面子到了极致就是虚伪。为了面子，成天戴着面具生活，人前一套人后一套。自己没有成绩，还怕别人出成绩，吹嘘自己、打压别人就成了必然选择。有这种人在，团队的正气就容易被邪气取代，团队就会失去凝聚力和向心力，什么事也干不好。

只有凭真本事吃饭，老老实实做人，踏踏实实做事，放弃虚荣、虚假、虚伪，做一个真实的自我，才会有人格、有尊严，才能干出一点真正有面子的事情。

企业内提倡叫名字

中国几千年的封建等级制度使官本位思想根深蒂固，有的人不仅喜欢板着面孔训人，还喜欢让人恭恭敬敬地叫尊称。这样的封建遗毒若渗透到团队之中，将对企业发展非常不利。因此，我们提倡在企业内直呼其名。

我们经常看到，有的人整天板着面孔，对下属摆出一副高高在上的样子，喜欢别人称自己“某某总”“某某长”，仿佛只有这样才能显示出自己的身份。他们认为下属对自己的尊敬是天经地义的，甚至以为只有让下属惧怕自己才能实现有效管理。长期处在这样的组织环境之中，掌握一定权力的人多会变得自我意识膨胀，做事容易以自我为中心，缺少对员工的尊重和关爱。一旦员工的人格和尊严得不到尊重，他们就会丧失对企业的认同感和归属感，生怕做错事，工作上就会消极对待，更不可能有创新的激情。

合作已经成为当今世界的主题，而相互尊重则是合作的基础。合作不仅是投资人之间的合作，在同一个事业平台上，无论是股东、职业经理人还是普通员工，大家都是合作关系，都应该相互尊重。个人的能力和分工不同，这可以通过收入的多少来体现，但大家的人格和尊严却是相同的，不应有贵贱之分，更没有三六九等之别。我们提倡内部不叫职务叫名字，就是要营造一种相互尊重的氛围。在这种氛围中，大家能够真诚地沟通，经理人充分尊重自己的员工，了解他们的真实想法，进而得到员工的信任，员工也不必战战兢兢地仰视自己的领导。他们的人格得到了尊重，工作的积极性和创造力就能得到充分发挥。久而久之，员工和经理人之间的关系就会越来越紧密，团队的凝聚力也就随之提升了。

在今天的企业里，人才是充分交流和流动的。经理人靠训斥赢得权威、员工靠奉承赢得赏识都是要不得的，因为最终还是要靠能力说话，按市场规律办事。个人的命运掌握在自己手中，事业的成功离不开一个大家充分信任和相互尊重的团队。

营造干净简单的企业环境

新加坡与马来西亚仅一水之隔，自然地理环境相似，社会环境却大相径庭。曾有人开玩笑说："在新加坡不会有人随地吐痰，一来不敢，怕罚款；二来不好意思，这么干净漂亮的环境，谁好意思乱吐？"

新加坡除了经济实力广受瞩目之外，其干净优美、有序和谐的整体环境也备受世人好评。取得今天令人艳羡的成就，新加坡靠的不仅仅是严管重罚，更重要的是靠好环境对人的熏陶与塑造。好人维护好的环境，好的环境反过来又促进人的进步，二者相辅相成，形成良性循环。

企业同样需要营造好的环境，塑造符合企业发展需要的好员工、符合社会发展需要的好公民。综观国内外成功案例，好的企业环境大致有两个共同点，即干净、简单。

干净首先指外部环境的整洁。人处在整洁的环境时，往往更能心情舒畅，激发更大的工作热情，工作效率也会比较高。对个人而言，我们要讲究卫生、戒烟限酒、加强锻炼，养成良好的个人生活方式，进而形成爱护周围环境的习惯；企业则需要真正落实6S管理，优化厂容厂貌，改善员工饮食住宿条件，为大家提供整洁、有序、和谐的工作生活环境。

内心干净才是真正的干净。内心干净的人都富有爱心，乐于包容、关怀、帮助他人，这不仅使其拥有良好的人际关系，得到他人认可，还为其个人提升发展创造更大空间；内心干净的人都阳光正向，很少有牢骚抱怨，凡事往好处想、往好处做，等待他的一定是好的结果；内心干净的人都善于学习与创新，不断深化专业知识与工作能力，进一步提高其个人价值；内心干净的人都善于共享，不居功自傲，不推卸责任，追求共赢与和谐，为其发展进步与影响力的提升提供保障。

简单首先指工作专业化、流程化。在市场经济环境下，专业化细分工、专业人做专业事是大势所趋。因此，干一行、爱一行、专一行、精一行，不断在专业领域内拓展深化，是我们立身经济大潮的唯一出路。做自己专长的事，完善、创新工作模式与流程，不断提高科技应用水平，减少主观失误概率，工作才能得心应手，取得更大的成绩。

简单的企业环境还指和谐融洽的团队协作关系。企业是专业人士发挥聪明才智的平台，关爱与协作是人与人关系的主题。同时我们应明确，小事靠个人，大事靠团队，团队凝聚力是企业整体实力的重要组成部分。企业发展离不开团队协作，唯有相互尊重、相互学习，大家才能优势互补、共同发展。

营造干净、简单的企业环境，塑造合格的社会公民，是企业应有的社会责任，也是企业实现长足发展的根本保障。

诚信就是力量

力量不仅仅是指机械力、化学力、生物力，乃至生产力。有一种力量是无形的，这就是诚信。

诚信有多种解释，含有诚实、凭据等意思。我这里所讲的诚信，主要是指相信和依靠。相信和依靠是一种思维模式或者叫心智模式，当你相信一个人、依靠一个人时，会给对方一种力量和责任，这种力量和责任会迫使他去实现你的期望值，而不计较利益，不畏惧困苦。我们常常讲到，凡事往好处想、往好处做，就会有好的结果，这就是正向思维带来的回报。

诚信不是轻信，一切要靠事实来说话，这是西方人的传统思维习惯。西方的法律重事实、重证据，事实不清、证据不足，就不会限制任何人的人身自由。事实清楚、证据充分，实现这一过程必然要靠能力。现在中国也强调法律的公正性，但在实际执行过程中，往往仍然是人治大于法制，较多的人还是依靠权力而不是能力，大量冤假错案也因此出现。法律如此，其他工作也是如此。如果我们处处设防，处处以自我为中心，不站在他人角度思考问题，不相信任何人，不依靠任何执行者，这不仅仅是对他人的不尊重，也是对自己的不尊重。在这样的氛围中，是很难打造出一支优秀团队。做事情如此，做企业尤其如此。

东西方思维模式的不同，导致了两种截然不同的社会氛围：一种是简单化、和谐性，另一种就是复杂化、自私性。

诚信的力量究竟有多大？以下这个案例极具震撼力。

某年，几位日本游客到尼泊尔的珠穆朗玛山麓去旅游，由于大雪封山，日本游客被困在了山里。他们幸遇一位尼泊尔少年，便委托他到镇上购买食品等。他们把 20 美元交给了这位少年，这 20 美元对贫穷的尼泊尔人来说是一个不小的数目。少年冒雪而去，半天过去后，少年将东西买回，并把多余的钱交还给他们。他们试图将找回的零钱给这位少年，被这位少年谢绝了。第二天，他们将更多的钱交给这位少年，希望他再到镇上购买一些东西，少年答应了。一个小时过去了，又一个小时过去，直到晚上八点多钟，仍然不见少年的踪影。正在大家满腹狐疑时，有人叩响了帐篷。来者是一位老人，是少年的爷爷。他告诉他们，因为雪大路滑，孩子在回来的路上碰破了两瓶啤酒，觉得没有尽到责任，便不肯再见客人，只好委托老人送来并致歉。

这件事被日本媒体报道后立即引起轰动，日本到尼泊尔旅游的人数因此剧增。其实，日本人不仅仅是为了到尼泊尔旅游，他们因此相信尼泊尔人，相信尼泊尔是一个值得尊敬的国家。

诚信就是力量，这位尼泊尔少年的故事说的就是这个道理。

积极主动的人生

人生就是一场征程。从生到死，我们会面对各种各样的困难与挑战，对待这些“拦路虎”，我们是逃避退让还是接受挑战、勇敢克服呢？如果是消极懒惰的心态，人生就会黯淡无光；如果是积极进取的心态，人生就会大放异彩，不同的选择会带来完全不同的结果。

正如印度一句谚语所说：播下一种心态，收获一种性格；播下一种性格，收获一种行为；播下一种行为，收获一种命运。有了积极主动的心态，性格就会乐观自信，做事就会奋发进取，人生就容易取得成功。

有了积极主动的心态，说话做事就会正向，凡事往好处想、往好处做，就会有好结果。拥有积极主动心态的人面对生活中的困难，不是逃避退让，自暴自弃，而是积极投入，大胆面对；对稍纵即逝的机遇不是等待观望，徘徊不前，而是主动抢抓，敢于创新。没有条件创造条件，没有机会创造机会，努力把不可能变成可能。而消极的人对待困难则是唉声叹气，怨天尤人；对待机遇是坐、等、靠，只想天上掉馅饼，眼看着机遇擦肩而过。在这些人眼里，世界是黑暗的，人性是丑恶的，人生是苦难的，做事是困难的，凡事被动应付，拖拖拉拉、浑浑噩噩地过日子，最后一事无成。

有了积极主动的心态，做事就有热情。热情是我们人生、事业成功的催化剂，有了热情，做事就会精神百倍，战胜困难、迎接挑战就成了人生乐趣；有了热情，人的潜能就能得到充分发挥，做事不知疲倦，不怕苦不怕累，永远向着一个目标前进，直至成功。

有了积极主动的心态，才能正确认识自己、改变自己。只有认识到自己的长处和不足才能向他人学习，改变自己，取得进步；才能建立和谐的人际关系，很好地与他人合作，并容易得到别人的帮助；才能针对自己的实际确定人生奋斗目标，并全身心地投入目标之中，排除万难，坚持不懈，直到获得成功为止。相反，要么是自高自大，目中无人，早晚跌个大跟头；要么是畏畏缩缩，低人一等，甘拜下风，无所成就。

拥有积极主动的心态，就会自觉进取。自觉会给人以积极的促进作用，推动目标的实现；有了自觉就可以少受环境和条件的限制，在各种情况下找到生活的突破口，给自己创造机会，自己为自己开辟道路、创造成功。

自己掌握自己的命运，自己做自己的主人，这就是积极主动的人生。

做一个有心有数的人

有美国研究者对成功人士的特质进行了一次调查，结果显示，信仰、爱心被列在首位。

有信仰、有爱心的人，对人充满爱心，做人做事讲良心；对事用心、专心、精心，凡事尽心尽力，不达目标不罢休。这就是我们所说的有心人。有心人就是对自己、他人、社会负责的人。成功人士都是有心人，也都是对他人和社会有价值的人。

做有心人最重要的是把握住四句话：物质是基础，责任是保证，正向是原则，价值是目的。

物质是做有心人的基础。世界先有物质，后有精神，人最开始的需求便是物质需求，只有在保证温饱以后，人才会产生精神和社会需求。我们必须把握住，不管做什么事，都要把物质需求放在第一位。解决了物质需求，有了物质积累，我们就需要承担起相应的责任。

勇于承担责任是做有心人的保证。认为责任是分内应做的事情，责任心强的人就会勇于承担责任，积极履行责任，做事尽心尽力，精益求精，凡事容易成功。

正向是做人的根本，是爱心的体现，是有心人所坚持的原则。正向的人心态阳光，人生积极主动进取，凡事往好处想，往好处做，最后得到好结果；正向的人做事简单，多站在别人角度考虑问题，容易同别人合作。

价值是目的。一个人赤裸裸地来到这个世界，不能赤裸裸地回去，还是要给他人、给社会留下点什么，这就是人生的价值。有心人以给他人、企业、社会创造价值为目的，境界高远，拼搏进取，在给别人带来利益的同时，也为自己的成功创造了机会、带来了动力。

仅仅做到有心还不够，还要做一个有数的人。有数的人能正确估价自己，包括自己的优点和缺点，知道什么事该做什么事不该做，知道自己应尽的职责；有数的人能以恰当的方式对待他人，尊重、包容、学习他人，真诚、热情、主动关心他人，始终以他人为中心，以为他人带来利益为乐趣。

有数的人能调整好四个关系：如何对待自己，如何对待他人，如何对待工作，如何对待生活。处理好这四种关系，做人处事便会游刃有余。

有数的人能正确区分有价与无价的关系。人到了一定年龄，一定要多追求无价的东西，少追求有价的事物。

做好人　保平安

人是多面性的，好与坏、善与恶常常是矛盾的统一体。人处于正面时，别人对他的评价是肯定、积极的，他就是我们通常所讲的好人；若这个人的负面占了上风，别人只能对他弃而远之，他便成了“不入流”的边缘分子，甚至成为人们常说的坏人。因此，我们提倡不断改变自己、提高自己、丰富自己、完善自己，努力让自己成为一个对别人有益、受人尊敬的好人。

首先，做好人要正视自身的不足，勇于改变自己。大家都喜欢跟谦卑的人相处，谦卑的人不仅懂得“金无足赤，人无完人”的道理，而且明白“术业有专攻”，因而不会“不懂装懂”，更不会“张口乱说”，而是坦诚地承认自身不足，尊重专业知识和专家意见，将发现问题、解决问题的过程作为提升自己的契机。

勇于改变自己的人绝不会怨天尤人，而会与时俱进。尤其在市场经济大潮中，面对“物美价廉、优胜劣汰”的铁律，他能不抱怨、不懈怠，凡事往好处想、往好处做。这种积极、阳光的心态不仅是一个人获得成功的催化剂，还是其人格魅力与影响力的重要组成部分。

其次，做好人要善于学习，努力提高自己。在日常工作中，我们会遇到众多超出原有知识范围的新鲜事物，如果我们故步自封，必定会被新的挑战淘汰。无数成功案例已经证明，唯有不断坚持学习的人才能不断提升自我，跟上时代发展的步伐。

学习有三条途径：一是读书。读书是获取间接经验的重要途径。只有注重学习方法，活学活用，真正将知识转化为能力，才可以更好地体现知识的价值。二是向标杆学习。把标杆同行经过无数次实践验证的有效方法直接拿来运用到自己的工作中，可以有效提高自己的工作能力。三是反思自己。不断挖掘自身潜力，不断去伪存真，就能逐渐提高自身素养。

善于学习的人都有一双擅长发现美的眼睛，既能从大千世界中辨析出有助于自身发展的因素，又能辩证地寻找预防问题、解决问题的方法，做到“正面看人，全面看事”。

再次，做好人要做好人生规划，努力丰富自己。我们常常会遇到一些凡事“不撒手”的人，对任何人都不放心，对任何事都苛求在他的可控范围内，结果弄得自己越来越累，事情做得越来越糟。相反，另一类人却善于巧妙地调整自己的定位，“拿得起、放得下、看得开”，事情反而越做越顺。

因而，我们提倡做好人生规划：人在 10 岁前后，要以听话为主，做一个听话的好孩子，形成社会公德意识；人在20岁左右，要以学习为主，打下文化基础，做一个好学生；人在30岁左右，要以储备知识为主，让自己成为有一技之长的人；人在40岁左右，要以做事为主，成为一个认真、努力做事的人；人在50岁左右，要以做好人为主，当好人、做好事；人在50岁后，要将人生重心由工作往生活转移，热爱生活；人在60岁之后，要以生命为主，追求幸福、快乐、自由。

人在不同年龄段要有不同的角色定位，不能固执，否则只能导致落后。随着年龄的增长，对金钱与权力的陷阱，我们尤其要保持冷静与淡泊。我们应牢记，一切都是生不带来死不带去的。

最后，做好人要不断修炼心智，完善自己。我们周围有很多“精明人”，对任何事情都精打细算、亲力亲为，结果却并不好。我们要力求成为“明白人”。“明白人”不仅会用放大镜看别人的长处，还会用显微镜查找自身的不足，更会用望远镜憧憬未来。他乐于反省，让爱心填满人生的每个角落。他懂得用爱心对待自己，改变自己；用爱心对待工作，敬业爱岗；用爱心对待家人，勇于担当；用爱心对待他人，给他人带来益处；爱心对待生活，热爱生命；用爱心对待自然，让美好得以恒久。

因而，要完善自己，要做一个胸怀爱心、善用资源的好人。人生就是这样一个不断去伪存真的过程，我们要在不断反省中清除杂念，完善自我，走向纯粹。

人生“四心”

细心、真心、善心、爱心是人生的心路历程，培养“四心”，提升“四心”，利人利己。

细心是干好事、干成事的必备素质。细心首先是一种做事的心态，是对人对事的持久热情与专注。尤其是做事，如果没有干一行、爱一行、专一行、精一行的热情与专注，就不可能有细致和完美。其次，细心是一种美好品格。细心就是负责，就是追求尽善尽美，让别人和自己满意。这种品格利人、利事、利己，是标准的“三得利”。细心还是知识与能力的体现，需要通过不断学习与反思才能习得。我们常夸赞某人“胆大心细”，这个“心细”是以专业与能力做铺垫的，是心中有数，因此才能“胆大”。缺少知识、能力，只能是“胆小”，否则就是蛮干。

真心乃真诚之心，是人之本性。人与人之间若真心相待，真诚交往，实实在在，成本很低，效果却很好。人之所以不掏出真心，并以虚假面目示人，皆起于名利心，这个名利心又多是不实之名与不义之利。过分追求名利，便会失去真诚。名与利终究是昙花一现，唯有真诚是永恒的。付出真诚就等于在人生的感情银行开立了账户，存了资本，付出的越多回报就越丰厚。只要付出真诚，回归本性，你就会发现世界其实是非常美好的。

“人之初，性本善”，善心是人与生俱来的，是人的天性。把人往好处想，把事往好处做，多做给别人带来益处的事就是体现善心。善心需要保持并提升、修炼。天生美好的东西一定要努力保持，但好与坏、善与恶、美与丑经常会显现在同一个人身上，因此，要保持善心就应不断进行自我修炼，也就是要不断学习与反思，让自己始终保持正面，远离丑恶。保持善心能让自己心境平和、达观、宽容。善良之人因内心恬静、喜乐，微笑就是其标志性面容。与善良为伍，行正必远。

爱心是“四心”的根本，细心、真心、善心皆发于此，其最基本的特质就是忍耐与无私。爱心的自我培育贯穿人的一生，漫长而艰巨。人非圣贤，很少有人能够一生只做好事、善事，而从不做错事，但只要我们能养成自省、自律的习惯，知羞耻、明荣辱，保持一颗真善之心，爱心一定能够回归心房、常驻心房。

企业是员工的修道场，是育人的大学校，我们修炼“四心”，就是要净化心灵，以“四心”对待自己、他人、生活和工作，让自己的人生更加精彩。

人生“四情”

在人与人交往中，有四种感情很值得思考与体味：客情、友情、亲情与真情。

客情，顾名思义，即相互间像客人一样，你好我好大家好，客客气气，一团和气。我们都知道：与人初次相见，热情寒暄之后，大家谈论的多是“今天的天气不错”等无关痛痒的话题。为何如此？因为相互之间不熟悉，感情是浮在表面上的，这就是客情。我们在酒店跟初次结识的客人吃饭，虽然饭菜规格可能不低，但在这里讲的多是客套话，要的是面子。表面的东西多，实在的东西就少。尽管推杯换盏、酒酣耳热之际也会说一些亲热的话，但主客之间都会有一种放不开的感觉，原因就在于双方的感情是在客情层次上。

为拉近距离、增进感情，西方人常常会把客人请到家中做客。英国首相布莱尔并没有因为美国总统布什把他请到自家农场开拖拉机、吃农家饭就感到降低了身份，反而认为这是莫大的荣耀。西方人的观念是请客人到家中吃饭，表示主人没有拿你当外人，是最高规格的待客之礼。在这种氛围下，交流的渠道就会顺畅很多，客情就会向友情转化。

朋友之间的感情谓之友情。彼此成为朋友后，客套就会少一点，遇事就会为对方着想，替对方考虑，感情就会进一步交融、升华。要想发展友情，就要心中有爱，就要“缩小”自我，“放大”对方；少些计较，多些忍耐；改变自己多一点，要求别人少一点。如是，友情才能加深，才能长久。

亲人之间的感情就是亲情，亲情包括父子情、母子情、兄弟情、姐妹情等。这种以血缘关系为纽带的情感应该是世间最稳固的情感，所以我们常说亲情无价。但是，我们也经常看到一些令人痛心的情景：父子成仇、兄弟反目等。缘何如此？主要是一个“利”字在作祟。人在世间，利无处不在。趋炎附势、追名逐利也是人之常情。要想维护亲情，就要不断修缮心智，把利看得淡一些再淡一些，切莫为小利而毁了人间至情。

真诚、真实、真挚、纯真、圣洁都与真情相关，真情是一种发自内心、不为世俗所浸染、付出而不期望回报的感情。为何我们常常被美好的事物感动得泪流满面，就在于真情拨动了我们的心弦。真情的成色越高，友情、亲情就越长久，而永无止息的爱是真情绵绵不断的原动力。唯有如此，才能真情到永远。

人生“四德”

一个人要做成一番事业，必须重视和修炼“四德”：即美德、公德、品德、道德。

美德即美好的品德，是指人高尚的品德，是“德”中之首。美德来自哪里？来自对自身的不断改变。我们每天都应反省自己的言行，对那些不良言行要及时纠正，思想杂念要及时清除，要及时调整心态、净化心灵，让真善美的东西占据主导地位；要反思自己的不足，看一天当中自己做了哪些该做的，哪些不该做的，哪些还需要提高，只有不断反思总结，我们才会不断进步，好的行为才会变成习惯，美德自然就产生了。美德还来自关怀。我们要有一颗仁慈、感恩的心，一颗关怀、怜悯的心。对朋友、同事、家人要真诚热情，要互相关心；要关心社会疾苦，关心他人冷暖，对弱者和需要帮助的人，要尽自己所能去帮助而不图回报。这是美德形成的基础。

公德即社会公德，是全体公民在社会交往和公共生活中必须共同遵循的准则，是社会公认的基本行为规范。中国人公德意识比较差，这是我们长期以自我为中心导致的结果。最近国内外媒体评出中国旅游团的“三大陋习”“六大罪”，这些本质上都是以自我为中心的表现。社会公德的根本之处就在于以他人为中心。考虑事情以他人为出发点，社会公德意识就建立起来了。要多为他人着想，“人人为我，我为人人”；要多学习别人的长处，不断提升自己。在家要尊敬师长、孝敬老人、爱护妻儿、团结邻里，与人为善；出门在外，要遵守社会公德，遵守公共秩序，讲文明、懂礼貌，做一个有素质、有涵养的人。

品德即私德、人品，是社会道德的个体体现。个人的心态决定行为，行为又体现个人品德。心态正向了，做人做事就认真负责，讲诚信，明事理，顾大局，识大体；心态正向了，就容易发现自己的不足，不断反思改进、积极进取，别人做到的我们要做到，别人做不到的我们也能做到。员工的人品提高了，企业的产品质量自然就上去了，就能为客户创造更大价值，产品当然会受欢迎。为什么中国的产品人家不放心，而德国的产品却有口皆碑，其中的道理值得我们深思。

道德是美德、公德、品德的基本要求，是支持和调整人们行为规范的非法律性准则。一个有道德的人就是得到了为人处世、立身社会的“德”。有了“德”，自然会在各种社会关系中游刃有余，人生和事业就容易获得持久成功，能够得到大家的喜爱和尊敬。这种“德”不是与生俱来的，而是自我不断学习、反思和修炼的结果。

明确阶段目标　丰富人生旅程

人活一世，并没有一成不变的程式。人生旅程之所以迷人，就是因为其饱含着未知与改变。我们只有不断修炼，人生才会精彩。在这个不断去伪存真的修炼过程中，我们要规划好人生的重点，不断清除杂念、坚定爱心、调整定位、挖掘潜力，让自己活得更绚丽多彩。

一、养成好习惯，奠定人生基础

人在 10 岁前后，应当知道基本的公德，做一个有公德的好孩子。

公德是潜移默化而来的，受家庭环境影响比较大，如文明礼貌、尊敬师长、助人为乐、爱护公物、保护环境等。人从少年时期就要学会多为他人着想，多学习别人的长处，以不断调整提升自己。以他人为中心，考虑事情以别人为出发点，公德意识自然就培养起来了。

人在 20 岁左右，应当以学习文化为主，为将来打下文化基础，做一个有文化的好学生。

学生时代既是储备知识的阶段，更是理想光芒自由闪耀的时期。刻苦、认真、努力、求新等好习惯的养成，都与学生时代的习惯分不开。对20岁左右的年轻人而言，储备知识固然重要，同样重要的还有乐于学习的进取意识和将书读活的素养。

二、认真做事，绽放人生光彩

人在30岁左右，应当以提升能力为主，让自己成为有一技之长、专一行、精一行的人。

在市场经济下，专业化细分工是必然趋势。有一技之长，有正面思维习惯的人，走到哪里都受欢迎。

工作并不是为公司干的，更不是干给上司看的，工作是我们价值的展现方式。我们要想着多做事，让知识转化为能力；我们要想着会做事，养成认真做事、精益求精的习惯。唯此，能力才能转化为财富，一切人生理想与现实需求才有经济支撑。

人在40岁左右，应当以做事为主，成为一个认真、努力做事的人。

人与人的差异在40岁左右才真正显现出来，一个人的能力、习惯、品德、价值在此时达到顶峰。40岁之前，人可能存在这样那样的毛病，但都是可以改变的。这一阶段，“做事、思变、创新、进取”等都是主题词和高频词。最关键的还是“正面”，凡事往好处想、往好处做，再去期待好的结果。

三、好做好事，乐享人生富饶

人到50岁左右，要以做人为主，要成为一个与人为善、乐于助人的人。

人到50岁以后，会将人生的阅历固化为习惯，认为已“知天命”，一切事态都“逃不出他的法眼”，因而走向保守，甚至消极。还有一些人凡事“不撒手”，对任何人都不放心，对任何事都苛求在他的可控范围之内，结果自己越来越累，事情却做得越来越糟。

我们提倡适时调整自己的定位，顺应人生发展的规律，“拿得起，放得下，看得开”，这样反而会越做越顺。

人到60岁之后，要以生活为主，珍爱生命，幸福生活，健康、快乐每一天，努力让自己成为一个自由人。

人生是有形、无形两种价值不断提升的过程。资本、名利、财富等是有形价值，健康、自由、友谊等是无形价值。有形价值都生不带来死不带去，“纵有万顷良田，只需一日三餐；家有高楼万丈，不过夜眠八尺”。

人到60岁了，应当认识到，珍爱生命、快乐自由才是人生的最高境界。自由的人都是爱自己、爱他人、爱工作、爱社会、爱自然的人，这不仅能让人事业成功，还能促进人完善心智，实现更大的社会价值。

人到60岁以后，还要更加珍惜友谊，友谊是人生的宝贵财富。人是社会性动物，谁都不能离群索居。友谊是漫漫人生路中的和风细雨，弥足珍贵。友谊要想持久，除真诚、付出之外，还要有正向、阳光的心态，无论风霜雪雨都能相互包容、积极乐观、互相感染，共同面对美好或厄运。

忘记昨天　珍惜今天　盼望明天

昨天、今天、明天是人生的三种时态，对其所持的态度会对我们产生深刻影响，甚至关乎成败。我们提倡忘记昨天、珍惜今天、盼望明天。

每个人都有属于自己的昨天，也许昨天你春风得意，辉煌无比；也许你曾经一败涂地，一事无成。但是，这一切都已成过去，永远不会再来。倘若我们躺在昨天的功劳簿上扬扬自得、不思进取，昨天的成功就会成为我们继续前进的绊脚石。同样，如果我们被昨天的失败压得抬不起头来，失去了自信与动力，同样不可能取得进步。因此，我们应明智地忘记昨天，胜不骄，败不馁，在成功的基础上“百尺竿头，更进一步”；在失败面前勇往直前，从而把昨天的失败变成继续前进的铺路石。

今天是实实在在的，是唯一能抓在手里的东西。如果不珍惜今天，没有今天踏踏实实的努力，任何美好的理想与规划，永远都只是空中楼阁。

珍惜今天。第一，要立足实际，做好规划，确立目标。“凡事预则立，不预则废”。有了规划，工作才会有方向与目标，才知道今天该干什么、不该干什么。只有将每个今天都视作一个个人生台阶来过，一步一个脚印，人生才会有积累，事业才会有发展。

第二，要不断提高自身能力，善于抓住机遇。任何事物的发展都有自身的规律，只有不断学习、创新，熟悉并深入了解事物的本质，干一行、爱一行、专一行、精一行，才能发现并把握事物的规律，抓住事物发展的关键点。机遇稍纵即逝，失不再来，但它永远垂青有准备的人。只有抓住发展的机遇，人生才会创造辉煌，事业才会有大的飞跃。

第三，要有实干的精神。大家都要做实干家，克服浮躁心理，扑下身子，踏踏实实，力求将每件事做到最好。如果只是躺在今天安逸的温床上空想，不去付诸实践，大好的时光将如白驹过隙，今天也将很快变成昨天。

第四，珍惜今天，还缺不了“今日事今日毕”的意识和作风。无论你是企业高管还是普通员工，无论你多忙，都要做到“今日事今日毕”，绝不拖沓。唯有活在当下，将问题解决在此时此刻，才能把握今天，精彩现在。

明天是将来，是今天的延续与结果。我们要盼望美好的未来，并且坚信：凡事往好处想、往好处做，就一定能有好结果。但美好是建立在今天努力之上的，“不行春风，难得秋雨”，没有今天的辛勤耕耘，哪有明天沉甸甸的收获？只有抓住今天，踏实努力，才能盼到美好的明天！

第三章

利他：发展的方向

提要

一切商业经营的前提都是帮助他人。为了争取更大的生存空间，实现更好的发展，我们应该明确：只有为他人创造价值，自身才有存在的理由。张唐之先生认为，企业必须首先“为他人创造价值”，他说：“为消费者省钱就是为自己赢得未来。”

中国道教文化告诉我们，任何事物发展到极端，都有一种趋向，就是朝反方向的另一端移动：无论什么事物，在发展到极点以后，一定会向相反的方向发展，此即“物极必反”。能够准确把握事物发展的规律性，并在其变化的拐点处及时转向，在一般人眼里，这种行为看起来像是“反”的，但实际上，它正顺应了事物发展的规律。

利人即利己，只是它不像表面上那么简单而已。实际上，企业经营就是一种以利人的方式利己的游戏。“己欲达而达人，己欲立而立人”“非以其无私邪，故能成其私。”

张唐之说

市场给每个人发财的机会，只要你为别人创造价值。健康的市场中谁赚钱最多，谁就是服务人数最多的人。市场就是按照你给别人带来幸福和快乐的多少来回报你的。

许多人做了一辈子企业，却不明白做企业最需要明白的一个奥秘：以利己始，是一直不能利己的根本原因。以利人始，方能以利己终。真诚地为客户、为他人谋利益，你的利益才有最根本的保障。这并不是唱高调，而是维护自身利益的根本所在。只有在客户、他人成功的同时，你自己的价值才能得以实现。

心系员工　根系百姓

员工与市场是企业生存和发展的基础。员工是企业发展的动力，市场是企业生存的土壤。只有员工不断成长和进步，企业才可能发展和进步；企业发展最终来自社会和市场的肯定，百姓就是社会和市场的主体，只有根系百姓，不断为他们提供好的产品，企业才能获得赖以生存的市场。企业要生存和发展，就必须做到心系员工、根系百姓。

心系员工就是把员工培养成为讲道德、有能力，对家庭、社会负责的劳动者；心系员工就是各级主管要热诚关心员工，不断为他们创造学习、成长的机会和空间，努力提高他们的福利待遇。

心系员工首先要关心员工，而关心员工的首要表现就是把员工培养成有能力的人。所谓能力，就是一技之长，就是养家糊口的本领。能力的习得有两种途径：一是学，二是干。企业应尽量多给员工提供学习培训的机会；干则是不断实践，在实践中不断提高能力，把事情做得更好。能力提高了，事情做好了，员工的收入就会不断提高。因此，提高能力、增加收入，这是对员工的最大关心。

心系员工要求各级主管要有爱心。对员工有爱心，就要多看员工的长处、优点，帮助员工扬长避短。帮助员工发挥长处，就是帮助员工提高收入。员工收入提高了，在企业有了用武之地，他们自然会热爱企业，把企业当成自己的企业。

心系员工还要求各级主管要关心员工的利益。这是一个主管的重要职责。员工就是各级主管服务的客户，要时刻了解员工的需求，并力所能及地满足他们的需求。只有把员工当客户，员工才可能把企业当成客户，并把能力发挥到最大。

根系百姓就是根系消费者，就是根系市场。消费者是我们生存、发展的基础，市场空间决定企业发展空间，为百姓做好产品，赢得好口碑是企业的根本。

根系百姓要求企业做市场要以“实”为基础。要在“实”的基础上进行细分，在细分的基础上不断优化，并在不断优化的基础上再探讨进一步做大。市场绝非越大越好，要切忌盲目追求规模。

根系百姓还要企业学会区分市场和经济。企业应埋头做事，做好市场，提高市场占有率，但不能把追求经济利益放在第一位，更不能单纯以赚钱多少作为衡量成败的标准。

为他人创造价值

在生活中，自私的人往往都不受欢迎，因为这种人大多胸无大志、斤斤计较，事事都以自我为中心，而且他们多数最终也是“机关算尽太聪明，反误了卿卿性命”。而能成大事者多是有爱心的人，胸怀宽广，善待他人，心里时刻想着别人，为别人“玉成其事”，久而久之，他得到的不仅是别人的尊重和信任，还会获得更大的发展空间。

以他人为中心，为他人创造价值，这是个人和企业生存发展并取得成功的基础。

一个人、一个企业乃至一个行业，只有为他人、为社会创造价值，满足他人需求，才能获得生存和发展的土壤。一个人只有为他人创造价值，为别人带来利益，自身的价值也才能得以体现，并在这种创造中获得满足和成功，一个人才活得更有意义。

为社会创造价值是企业的责任，不能给社会带来价值，却一味索取，唯利是图，不顾后果，企业就会失去存在的根基，就会被社会所抛弃。为客户创造价值是企业发展的动力，任何试图以客户利益为代价换取利润的举动都是负面的，都可能使企业最终落入深渊。企业生存发展要以社会价值最大化为目标，以不断引导和满足客户的健康需求为途径，关注产品质量，把社会的和谐和客户的利益视为企业运作的第一要义。唯有如此，企业持续发展壮大才会成为可能。

为合作伙伴创造价值是合作的基础，唯有实现共赢，企业才能在行业里谋得一席之地。在越来越开放的社会环境中，合作是发展的大趋势，也是优势互补、壮大力量、创造新生机的唯一途径。只有真诚、平等和共赢才能促成合作，只有以合作伙伴的利益为先才能取得对方的信任和支持。面对如火如荼的行业发展势头，我们要着眼长远，努力树立和维护企业形象，在实现行业及合作伙伴发展的同时来争取自身的生存空间。

实现自身价值最大化是每个人、每个企业都期望的，但以损害别人利益为代价的自我价值是不会长久的。为了争取更大的生存空间，实现更好的发展，我们应该明确：只有为他人创造价值，自身才有存在的理由。

花别人的钱大方是不负责任的表现

有这样一种人，他们花别人的钱总是大手大脚，不知节制，而花起自己的钱来却是斤斤计较，甚至一毛不拔。这归根结底，是由于私心和贪欲在作怪，是一种对自己、对企业乃至对社会都不负责任的表现。

说对自己不负责任，是因为这些人被权力、金钱和眼前的利益蒙蔽了双眼，忘记了创造价值才是个人成功的唯一机会。而创造价值就要以他人为中心，做事前要先考虑是否对他人有益，能否给他人带来价值和利益。

说对企业和社会不负责任，是因为我们的企业是股东投资为大家搭建的平台，是广大员工赖以发展和发挥聪明才智的舞台，是整个行业与社会的财富，而并非是谁谋一己私利的工具。作为企业的一员，我们应该珍惜这个平台，珍惜股东和员工的信任，为客户、为员工、为社会创造尽可能多的价值，而不是唯利是图，不顾后果，一味索取，这样必将失去企业的信任，也必然会被企业所抛弃。作为企业主管，在慎用权力的同时，更应懂得肩负的责任，为员工做好榜样，努力打造阳光正向的团队。

要避免这一行为的发生，首先，必须正确认识金钱与个人价值的关系，树立正确的金钱观。要知道，财富获得要靠自己的努力创造，而不是从别人那里索取。只有这样，我们才能不断提升自我能力，以追求事业成功为永恒，在取得个人财富的同时为他人和社会带来益处。

其次，要正确对待别人的信任与托付。别人把财富交给你管理，是对你的莫大信任，这比黄金更珍贵。对此，我们应当像对待自己的财富一样小心谨慎，努力使其增值。即使对待自己通过劳动得来的财富也应当节俭有度，切莫为“面子”而奢靡浪费。一旦社会、他人需要时，我们则应慷慨解囊，奉献爱心。

为消费者省钱就是为自己赢得未来

一、认真做事是市场经济的要求

人人都需要做事，通过做事来历练自己、提升能力，通过做事实现自立，以最大限度地实现人生价值。

但是，要把事做得卓越和长远，谈何容易？

社会上有太多人，就是因为没有把事做好，结果很快被别人所取代，被市场所淘汰，甚至最后变成了无业游民、社会累赘。为什么会是这样呢？根本原因就是没有弄明白“为什么做事”的问题。

早在改革开放前期，由于做事空间大、赚钱机会多，当时大家选择做事，其目的大多是为了赚钱，或者是为了赚钱而去做事。因此，做什么不重要，做得好坏不重要，只要能赚钱就行。抱着这样的心态、观念去做事，能敷衍就敷衍，能投机就投机，有的甚至走上了歪门邪道。稍具事业心和责任感的人很快就发现这样下去不行，这才逐渐把为了赚钱而做事转变为通过认真做事来赚钱。比如在畜牧业领域，我们力推养殖业向规模化、现代化、标准化升级转型，就是理念转变的结果。千万别小看这一转变，许多畜牧企业之所以被市场所淘汰，就是至死也没有实现这一转变。

虽然从为了赚钱而做事转变为通过认真做事来赚钱是一个进步，但以赚钱为最终目的这一总根本没变。一旦自身利益与客户利益发生直接冲突，则一定以维护自身利益为先，甚至还会恢复一切为了赚钱的旧面目。

市场永远都在发展变化，更在不断完善与成熟中进化，因此，我们这些做事的人在心态、观念、能力和道德素养上，也必须不断改进、提高才行。

不管作为畜牧企业还是食品企业，我们都必须深刻认识到这一点，并在为什么做事的根本性问题上，迅速转变到“一切为了给消费者省钱”上来，并以此来调整做事的方向和思路。猪、鸡、鸭的生产成本是多少大家都知道，但做成熟食后送到消费者嘴边又是什么价格呢？米面、蔬菜、水果等也是如此。一层一层费用，一环一环加价，这是对消费者负责吗？显然不合乎情理。正因如此，我们就要改变做事的初心和思路，从为自己赚钱转到为消费者省钱，让他们花最少的钱就能享受质优价廉、营养美味的食品。亚太中慧定位为面向终端消费者的食品企业，更需要大家彻底往为消费者省钱这一经营方针上转变。如此，我们的事业才会有更大的发展空间，也才会有更卓越和久远的未来。

二、省钱的核心是降低成本、提高效率

要在经营目标和经营策略上实现这一转变，我们这些做事的人必

须从心态、观念、能力以及道德素养上加以改变、提升和完善。首先，再也不要老想着为自己或企业赚钱，一定要把如何为消费者省钱放在第一位，并以此作为考量做事心态、运作思路和具体做法的标准。先从心态上转变，心里想着消费者，不断琢磨如何为消费者省钱，这是最起码的要求。

其次，要通过学习，不断提高做事的水平和能力。光想着为消费者省钱，不等于能做到为消费者省钱，能力的提高关乎理念的落地效果。比如，我们要认真思考如何在更大程度上降低养殖、种植成本，如何更好地提高营养美味食品的研发能力，如何降低加工及物流成本，等等。为此，我们必须更努力地学习，要勇于突破过去形成的知识结构和思维定式，跨界学习餐饮业的经验和做法，以促进食品研发、生产及市场运作的创新。

道德素养的不断提高和完善是人生永恒的课题。我认为，市场经济有两条铁律：质优价廉和优胜劣汰。市场经济成熟的社会，实质上也是培养和造就好人的社会，因为它逼着人去做好事、做好人。今天，我们把经营方向、目标、做法转变为“一切为了给消费者省钱”，就是道德素养在市场新形势下最好的体现。只有从内心实现这一转变才合乎社会需求，也才能得到消费者的真心认可，并赢得发展空间。

三、为消费者省钱，以客户需求来引领经营管理

为消费者省钱，就要提高养殖效益，降低养殖成本；就要缩减流通环节，降低物流费用；就要直面终端市场，避免层层增加费用；就要贯通饲料、养殖、种植、食品、有机肥各个环节，变废为宝，综合利用。

好人企业与强人企业

一、好人企业的特征

1. 好人是明白人

明白人不一定精于一技两技，但却具有良好的心态，拿得起、放得下、看得开。明白人善于反省，能够充分认识自己的不足，善于用能力比自己强的人，是人力资源管理的高手。好人能够将企业做好，做出对消费者负责、对大家有益的价值型企业。

2. 好人企业的发展是团队协作的结果

好人善于发现别人的长处并乐于向他人学习，尊重、关爱他人，建立和谐正面的企业内部氛围。在好人企业中，大家相互信任、优势互补，可以实现 1+1 ＞ 2 的目标。好人企业的发展成果可以共享，提高员工收入，以培训等手段促进员工成长，可以在更大程度上提高团队能力。

3. 好人企业强调做实做好

好人企业不争第一，但具有强烈的学习与创新欲望，不断改变自己，寻找行业标杆，乐于向标杆企业学习。在市场开发上，力求将市场做实，在做实的基础上做细，再在市场细分、提高市场份额的基础上将企业做好，甚至做成百年老店。

4. 好人企业以塑造好人为己任

好人企业视人力资源为第一财富，宣导正向优秀的企业文化，努力提高员工素养，并要求员工用良好的素养影响家人、朋友，在更大范围里培养合格的社会公民。

好人企业的员工是自由的，大家在一起做事是同事，即便离开了，相互之间仍然是朋友。企业为员工发展提供正面、开放、自由、广阔的平台，尽力为人才发展提供便利。

二、强人企业的特征

1. 强人是精明人

强人往往精打细算、精明强干，他们头脑灵活，一点就通，一拨就明。同时，强人往往习惯于事必躬亲，凡事靠自己，事业很难真正做大。

2. 强人企业的发展是强人个人努力的结果

强人主导的企业，由于对别人不放心，他们事必躬亲，不用能力比自己强的人，最终会越干越累。同时，强人主导的企业往往喜欢用听话而不是能力强的人，根本无法形成团队，也不可能有发展后劲。

3. 强人企业强调做大做强

强人企业惯于争强好胜，追求“做大做强”，与同行竞争、对立，喜欢与人争，结果四面树敌，将自己陷入争斗的旋涡，白白耗费了大量精力。强人企业喜欢进行纵向比较，凭感觉做事，有点进步就容易沾沾自喜，却缺乏对先进同行的尊重与学习，将企业“做大做强”的想法最终只能落空。

4. 强人企业将员工视为企业私有的

强人企业将员工看成企业私有的，设置种种条件限制员工的流动，甚至时刻防备，让企业陷入负面氛围。强人企业不舍得提高员工收入，更不会下力气培训员工，员工技能与素养的提高成了奢望，团队只能如一盘散沙。久而久之，企业必然陷入困境。

“外圆内方”是企业管理的有效方法

“外圆内方”不仅是个人的处世之道，也是团队和企业管理的重要方法。“圆”代表着和谐和顺畅，它从视觉上就具有美感。“圆”可以减少阻力，特别是在当今社会，对外部的事物要易于融合。“方”棱角分明，代表着严密方正，踏实稳重，坚定执着。“外圆内方”之要义是为人处世要随和谦让、刚柔并济，当刚则刚，当让则让。

“外圆内方”还可引申为企业的管理方法，且是在实践中被充分印证了的管理办法。“外圆”就是和谐，即良好的外部环境。“内方”代表着规范，就是系统严密、执行到位的管理体制。企业要生存发展，周密、准确、高效的管理制度必不可少。管理主要是理顺，理顺就必须有一套公平公正、行之有效的制度。这套制度要想切实可行，就要以爱心为基础、正面为原则，在人性化的前提下规范行为，赏罚分明。任何好办法的奏效都有赖于坚强而有力的执行力，对内方正，严格按规矩章程办事就是执行力。执行上不到位、打折扣，再好的制度、办法也形同废纸。在内部管理上一团和气、当老好人，是非常不负责任的行为。

企业发展外部环境非常重要，“外圆”的目的就是营造和谐的外部发展环境。在与别人打交道的过程中要讲究策略、研究方法，多些柔性，少些刚性，让外部资源为我所用，在价值交换过程中达到增值最优化。对我们来说，良好的外部环境就是要真诚待人，处理好与用户、供应商、同行、政府的关系，想问题办事情多站在别人的角度，少以自己为中心考虑问题，方能赢得别人的理解、尊敬、信赖，甚至合作。常言道:“多个朋友多条路，多个冤家多堵墙。”说到底，“外圆”就是多为自己铺路，路越宽事业才能做得越大。

实施两权分离　创建新的发展机制

两权分离是建立现代企业制度的必然要求。两权分离可以让董事会与经营团队明确分工，既各司其职，又密切配合，更利于企业的生存与发展。

董事会要以战略发展为中心，要重点把握好以下两个原则。

一是社会原则。企业是社会的，要立足于社会，企业战略首先必须符合社会需求。其次，企业战略必须利人利己才具有可行性。最后，战略实施以企业文化为保障，因此，董事会必须是企业文化的倡导者与率先践行者。

二是生存原则。生存是企业的第一要务，只有先解决了生存问题才谈得上发展。董事会决策应以企业生存为基本点，在保证生存的前提下进一步拓展发展空间。头脑发热是企业决策者的大忌，特别是在企业兴旺发达的时候。如果决策者不时时用“生存原则”来提醒自己，就很容易犯致命性错误。

经营管理团队要以生产经营管理为中心，管理重在理顺，经营重在增强市场实力。

管理重在理，而不是管，企业理顺了，自然就能正向发展。

经营重在增强市场实力，市场首先要定位清晰，然后做实、做细。

企业不需要增强竞争力，而是要增强实力。增强竞争力就会目光对外，为自己树立竞争对手；增强实力则是目光内聚，聚精会神把自己的事情做好。

经营管理还要把握“外圆内方”的原则，对外要圆通，与政府、同行等要保持良好关系；对内要严格方正，“丁是丁、卯是卯”，不能一团和气。

董事会与经营团队既要分工，又要融合在一起，只有两个团队密切配合，才能创造出巨大的社会价值。

融洽企业中的六大关系

对自己，以改变为主。坚持正向原则，往好处想、往好处做；将向他人学习、改变自己贯彻始终；挖掘潜力，释放潜能，不断提升自己，持续为别人带来益处。

对员工，以规范为主。员工是企业的中坚，要善待员工，给员工学习发展的机会，不断提高员工的能力；要规范行为，让员工养成良好的生活与工作习惯。

对客户，以提升为主。遵循市场经济规律，不断发现客户需求，给客户良好的服务和支持，持续为客户创造价值、带来益处，与客户共同提高、共同成长。

对商家，以平等为主。客户不是我们的上帝，同样我们也不是商家的上帝。平等对待供应商，设身处地为他们着想，帮助他们节省费用，密切合作，共荣共赢。

对同行，以尊重为主。永远把同行视为促进行业发展的学习榜样和合作伙伴，并为同行提供一切力所能及的帮助乃至与同行融合发展。

对政府，以听从为主。要把握好尊重与听从的原则，争取支持；要勇于承担企业应当承担的社会责任，为企业发展创造和谐的外部环境。

反思五组关系

一、正面与负面

人的心态与行为有正面与负面之分，正面就是凡事往好处想、往好处做，抱着积极、善意、乐观的心态去看待事物、考虑问题，期盼好的结果。负面则是把人和事往坏处想得多。正面把人引向成功，负面将导致失败。正面是大家共享的，负面则是个人所有。我们提倡正面多一点，负面少一点。

大致上人有十二种正面心态。

仁爱：不求回报的爱谓之仁爱，它是人世间最神圣的情感与行为，是世界上一切美好事物的源泉。我们所提倡的仁爱主要包括四个方面——以爱心对待他人，就会尊重他人，乐于向他人学习；以爱心对待工作，就能干一行、爱一行、专一行、精一行；以爱心对待自己，就会不断反思，改变自我；以爱心对待生活，就会热爱生活，提高质量。企业有爱心，就会善待员工，奉献社会。

真诚：真心待人，不虚伪、不欺骗，真诚可使人和谐相处。

善良：思维与行为以给别人带来益处为出发点，即为善良，善良能让人心境平和、乐观、宽容。

谦卑：位高不自大、不摆架子，始终保持平常心。谦卑者能容人容事，能不断反思、改变自己，乐于向他人学习。

乐观：乐观者催人积极向上，给人以希望和动力，悲观者则让人消极与抱怨；乐观者相信“办法总比困难多”，悲观者则容易丧失信心、推卸责任；乐观者往往做人行事阳光、简单，可以把复杂的问题简单化，悲观者则往往会把简单事情复杂化。

感恩：感恩是对别人的帮助与付出心怀感激。感恩才能思报，才能帮助需要帮助的人。

忍耐：“小不忍则乱大谋”，忍耐是爱心与胸怀的体现，这是成功人士的必备素质。忍耐能使人冷静，冷静方能减少错误。

节制：节制能让人清醒。要内心有度、适可而止，让自己的行为被社会道德所允许。

自信：自信就是对自己有信心。自信能让人面对困难时乐观进取。自信的团队必然是有活力的团队。

学习：社会发展日新月异，只有不断学习，及时掌握新知识，才能不断充实、提高自己。学习能使人虚心，虚心使人进步。

创新：创新让事物持续充满活力。创新绝非凭空想象，而是源于对本职工作的专注与热爱，把本职工作做得更好、让别人更满意便是创新。

责任：责任就是勇于承担。责任能让人心中有别人，并在帮助别人的过程中实现自身价值。有责任感的人遇到问题时不抱怨、不推诿，而会积极寻找解决问题的办法。但凡成功人士都是有强烈责任感的人。

二、爱心与私心

爱心是走向成功的基础，做好企业首先要做好人，做好人首先要有爱心。私心是以自我为中心，私心会使人被大家所排斥，丧失很多发展机遇；私心损害团队凝聚力，阻碍个人、企业发展。

自私就是把自己的利益放在首位，就是重自己轻别人，归根结底就是缺乏爱心。遇到利益、功劳时抢在前面，归于自己；遇到困难、问题时，不是找借口就是往后退。自私会使人走向贪得无厌，其结果必定是众叛亲离。所以，自私自利的人注定朋友很少，价值很小。

我们提倡在工作生活中不断修炼自我，让自己成为一个富有爱心的人。

三、责任与权力

企业将生存发展大计交付各级管理者把握实施，尽管管理者职位有高有低，但这种信任所对应的是责任而不是权力，职位越高受信任的程度越重，责任就越大。权力意味着支配与控制，各级主管如果过分看重职位所带来的权力，往往会导致权力的滥用，形成“顺我者昌，逆我者亡”的氛围，人才的积极性、创造性就得不到发挥，团队就会因此丧失信任感、凝聚力，企业便只能走向衰亡。

当各级主管将职位所赋予的资源调配权视为责任时，其心态才是正向的，其权力的行使过程实际是责任感落实的过程。

因此，我们提倡多些责任、少些权力。对管理者而言，干好本职工作是权力行使的最主要途径，也是责任感落实的主要形式。

企业管理者要担负起应有的责任，注重员工收入增长与职业发展优化，将人力资源视为公司第一财富；明确发现问题是我的责任，解决问题是我们的工作，出现问题后要千方百计解决问题，强化团队协作；面对问题要勇于主动承担责任，不能推卸给别人；承担责任是个人承担责任，而不是大家承担，以大家的名义承担责任就是不负责任。

四、团队与团伙

团队和团伙有着本质的区别，先看二者各自的特点：

团队	团伙
志同道合的目标意识	短浅的既得利益
优势互补的协作精神	复杂的帮派关系
坦诚和谐的沟通氛围	利益驱动的小动作
同舟共济的事业情结	缺乏阳光的人际关系
精诚团结的双赢趋向	不利创新的工作氛围

由上表可见，团伙是因利而聚、无利而散的短期合作，成员都是冲着利益而来的，只要有彼此利用的价值就可以纠结在一起；团队则不同，团队成员聚在一起除了有共同的目标之外，还要看性情是否相投、理念是否相似后，才选择是否合作。团队之间只有坦诚沟通、专业协同、精诚合作，才能有效降低内耗，为组织目标的实现提供有力保障。

小事靠个人，大事靠团队。我们要坚持正面，相互包容。职业经理人都是优秀人士，长处很多缺点也有，关键是要坚持正面、相互尊重、相互包容、优势互补，多一点责任，少一点自私，以形成和谐的工作关系。

抱怨是团队建设的天敌，抱怨不仅产生矛盾，不利于问题的解决，还会使自己成为孤家寡人。因此，我们要培养亲和力，放下架子多与大家沟通，多看别人的长处，多用能力比自己强的人，讲究“外圆内方”的工作方法，以团队力量促进事业发展。

要搞好团队建设就要关爱他人。对同事要关心，对下属要关怀，对他人要尊重，对需要帮助的人要施以援手。各级主管要把员工挂在心上，让员工舒心、顺心，少一点不满，多一点愉快，只有充满温馨、和谐，团队才会有凝聚力、向心力，工作才更有乐趣，生活才有滋有味。

搞好团队建设需要勇于承担责任。只有领导敢于担责，大家内心才会踏实，才会在第一时间想到如何解决问题，而不是逃避责任，也才能齐心协力、集思广益找到最好的解决办法，进而赢得别人的尊重与合作。牢固树立责任意识，就是为团队成员安心、踏实做事提供坚实保障。责任还是认真做事的态度。把工作做好，做得让别人满意，我们才有安身立命、养家糊口的本钱，否则，离被淘汰就不远了。

五、以自我为中心与以他人为中心

以自我为中心就是心中没有他人，是爱心教育长期缺位的结果。如果团队中大家都以自我为中心，缺少协作互补，团队就会成为一盘散沙，没有凝聚力。

以他人为中心就是爱人如己，为别人带来益处。以他人为中心，首先要尊重他人。每个人都有缺点与优点，这也是我们独立人格的独特表现。每个人的缺点都是其个人特点，属个人所有，我们不应“看不顺眼”，甚至想改变别人，而只能包容、理解、适应。对别人的困难我们要充分体谅、关爱，帮其实现进步与提升。如此，就能换来他人的尊重，“你敬我一尺、我敬你一丈”，并将相互之间的关系引向更高层次。

以他人为中心要乐于向他人学习。懂得尊重别人，才会放低自我，虚怀若谷地看别人的优点。别人的长处都是其反复实践验证的成功经验的累积，学到手即可直接运用，这是我们提高能力最快捷的途径。与人相处时以发现对方长处为主，不仅会拉近彼此之间的距离，营造和谐的交往氛围，还可以不断树立标杆，在学习与实干中增长才干、提升能力。

向他人学习不能止于“独善其身”、自己做事优秀，还要不遗余力地帮助别人提升改进。我们唯一的竞争对手是自己，学习并非为了赶超，更不是为了竞争。学习是相互交流、互助提高的途径，也是彼此欣赏、合作发展的前奏。任何人都有长处与短处，只有优势互补才能把事业做起来；只有相互合作，汇集大家的智慧，凝聚团队的力量，才能把事业做好。

合作是多层次的，是好人之间的合作。合作首先是双方内心的相互认可，其次才是资金、技术、物流、人力资源等方方面面的合作。

尊重是建立良好人际关系的开端，学习是提高能力的有效途径，合作是实现价值最大化的保障。无数成功案例告诉我们，要走向成功，必须迈上尊重、学习、合作这三个阶梯。

总之，大家要达成如下共识：相互尊重，相互关心；相互影响，相互学习；扬长避短，共同发展。

精明人　聪明人　明白人

精明人、聪明人、明白人都属成功人士之列，但三种人又各有特点，值得思索、体味。

聪明到“精”的程度就是精明，也可以说就是聪明过度。精打细算、精明强干、精益求精等成语中都能找到精明人的影子。精明人大都是天生的，后天的训练只是辅助的。因为脑子灵活，精明人学东西很快，往往一点就亮、一拨就通。精明人算账也是一把好手，所以精明人常常是做生意的行家里手。精明人的精明是写在脸上的，确切地说是写在眼珠上的。精明人眼珠一转，即计上心来。因为聪明外露，别人很怕被精明人算计，便会小心翼翼地与精明人打交道。因为精明过人，别人做事很难令其称心，因此，亲力亲为是精明人的又一特点。凡事靠自己，事业难做大。所以，精明人一般都是小官员、小商人、小企业主。

聪明人的显著特点是脑子好用，又善于学习、反思、总结、积累。聪明人一般腹拥才华却不事张扬，属于内秀型人才。聪明人爱学习、善钻研，常常精于一技或两技，当属专业人才之列。聪明人爱反思，能清晰查找自己不足，并善于借鉴、吸取别人的经验教训为己所用，能不断提升自身的能力。聪明人大多不会盲目自大、趾高气扬，他们性情温和，处事灵活，擅长沟通，能融入团队并在团队中找到自己的位置。聪明人往往是人群中的骨干，甚至常常是团队中的核心。

明白人是智慧一族，能有幸进入此列的少之又少，可谓万里挑一。明白人是大彻大悟、参透人生的人，是拿得起、放得下的人，是综合素质很高的人。醒悟是明白人最显著的特点。明白人大多阅历丰富，他历尽磨难，或大起大落，或出生入死，正是这种跌宕起伏，甚至与死神擦肩而过的阅历，让他悟透了生命的意义。如果聪明人的最大特点是“学”的话，那么，明白人就应该是“悟”。阅历则是明白人“开悟”最重要的源泉。明白人大多意志坚定，他“不以物喜，不以己悲”，进退自若，宠辱不惊。正是这种内心的宁静，让他不为外物所惑，从而悟透事物的本质。因此，明白人看问题、想事情要比聪明人更高远、深入，更能抓住问题的实质，更能清晰地描绘出事物的发展脉络与未来走向。这也是明白人之所以明白的根源。与聪明人的修身相比，明白人更注重修心。明白人不一定精于一技或两技，却一定是心态好、善用人的人，是人力资源管理的高手。明白人如果入世，则能兼济天下，常常居于领导位置，是团队中的“师”或“帅”，刘备就是其中的典型。明白人如果出世，则能独善其身，成为道德楷模，范蠡、张良功成身退，齐家保身，为后人所津津乐道，就是明白人出世的经典案例。

第四章

人才：不竭的动力

提要

张唐之先生经常对员工讲：第二次世界大战后，德国、日本为什么能在废墟上迅速崛起？因为人才。楼虽然倒了，但人才还在。国家如此，企业也不例外。

仔细探究，我们发现，张唐之先生有关人才观点的背后，其实深藏着儒家的“有为”思想，人才是沿着“格物、致知、诚意、正心、修身、齐家、平天下”的路径不断进行自我修炼的。

他认为，“农业的根本出路在于提高从业人员的素质”“中国农牧业为什么能与世界接轨，就是因为改变了从业人员的素质”。他还认为，“责任是职业经理人的第一要义”“正面是职业经理人的必备条件”。对人性有着卓越洞察力的他还特别指出：“为自己工作永远不累”“好人是逼出来的”。

他认为，团队的品质决定产品的品质，产品品质是团队品质的外在表现。他说，企业就是一个让各类人才展现才华的平台，我们充分尊重人的个性，感召有志于行业发展的专业人才加盟；同时，力求能发挥人才的专长，形成聚集、协同效应。

他说，老板要多看员工的优点，尽可能用其所长。所谓缺点，其实就是每个人的个性，不同的人会有不同的认识与理解。能看到别人的长处是自信，能看到自己的不足是自强。虚心向别人学习，就可能超越别人。

边学　边干　边想

我们提倡要边学、边干、边想，先干起来，并不断在实干中验证所学、在实干中摸索提升。

什么是学呢？学习就是胸怀积极上进的坚定信念，利用一切机会提升自我。古今中外的优秀人士都有善于学习、热爱学习的良好习惯。

学习有三条通路：一是读书，"学无止境"，要多读书、读好书，不断丰富自己的知识储备；二是向他人学习，善于发现别人的长处，向行业标杆、榜样取经，这是最便捷、最省劲儿的成功之路；三是不断反省，"吾日三省吾身"，避免同样的错误一犯再犯。

说到底，学习就是要充分调动自己的积极性，及时把握社会发展脉络，跟上社会发展的步伐。但是，学习并不是空对空的理论说教，对现实的充分调查研究主要是为了帮助我们找准机会，降低跑偏、做错的概率，然后迈开步子、放开手脚，迅速行动起来。

我们都知道，要嘴皮子空谈不能成事，挽起袖子实干才有发展，正所谓“宁干一寸，不说一尺”。瞅准了机会，我们就要快人一步及早干起来，只有干起来才能成长，才会有作为，也才有资格谈论发展。因此，干与不干是性质不同，而成功和失败只是结果不同而已。

只要方向对了，工作就会越干越会干，路就会越走越宽广。但是，干起来并不是“不撞南墙不回头”的蛮干，我们倡导边干边想。

干和想是一种既有先后顺序、又相辅相成的关系。有的人敢想不敢干，甚至一味空想，或者总把困难放大，畏首畏尾，迈不开步伐，最终错失了发展良机。因此，我们要想的不是害怕困难大于天，而是如何把事做成、做好，如何在实干中解决问题，发现错误就改正错误，偏离航向就调整航向，不断思索总结，这样才会层层递进、不断提升。

学、干、想是实现个人成长与事业发展的三个相互联系的环节，在这三者中，要以干为统领，学和想都是为干服务的，都是为了把事情做成、做好。只有干起来，才会有美好的生活和成功的事业。

多干少管

干事靠能力，管事靠权力。“多干少管”是企业各级主管应当树立的基本意识。多干事是负责任的表现，只有多干事才会树立威信，产生领导力、影响力；只管不干，是将责任推卸给他人，久而久之，主管的责任感就会越来越差，这对个人成长、企业发展将带来很大的负面影响。

多干事会产生示范效应。解决问题时要多依靠示范，少依赖规范。规范必不可少，但主管身体力行的示范会产生更直观的效果，示范的影响力是冷冰冰的规范很难实现的。我们一贯倡导“爱心”，如果企业主管不尊重员工，不关心他们的工作和生活，不时时处处为员工着想，对员工的问题置之不理，企业的爱心又从何体现？结果只能使爱心成为华而不实的口号和挂在墙上的标语。

管理要以“理”为主，所谓“理”即理顺。管理是为实现组织目标而进行的一系列协调活动，管理的重点是将事情理顺，而不是依靠权力去压制和强迫别人。将事情理顺了，工作就减少了不满情绪，工作氛围就会比较和谐。人在和谐的环境中工作效率会更高，最终自然会取得更好的成果。

企业管理者，尤其是高层主管，要少“放权”，多“授权”。放权将减少主管的责任，而授权既可以调动他人的积极性，又不会导致责任感的缺失。我们的企业与国外企业和国内独资、合资企业相比仍有较大差距，但许多外企的管理者都是中国人，既然都是中国人为什么会产生这么大的差距呢？其原因之一就是我们的企业没有合理地“放权”“授权”。

从本质上讲，企业中本没有权力，职位的高低只意味着岗位的不同和责任的大小。因此，我们在工作中唯有上下一心维护好大家共同发展的平台，多一些实干、多一些理顺、多一些授权，少一点抱怨、少一点管制、少一点搪塞。

多些责任　少些控制

责任是一种勇于承担的精神，是人在社会中生存必不可少的东西，也是人类应当具有的美好品质之一。控制即管理与束缚，摆脱束缚、崇尚自由乃人的天性。现代管理学的要义是倡导责任，减少控制，调动人的主观能动性，最大限度地挖掘人的潜力。

“天下兴亡，匹夫有责”说的就是责任的重要性。假如社会没有责任，就会风气败坏，亡国亡家；假如团队、个人没有责任，就会失去基本生存能力，直到衰败、消亡。

责任感是人的精神境界与思想品德的体现。有责任感的人是在创造价值、帮助别人中得到满足的，因而，责任感总是与顾全大局、忍辱负重、任劳任怨、助人为乐、谦逊礼让等优良品德联系在一起。经验告诉我们，凡是那些为他人、为团队、为社会做了好事而又不期望得到回报的人，通常也是乐于以高度负责的精神投入工作的人。一个人即使能力、学识、才华一流，但如果缺乏责任心就不堪大用，即使小用也常常令人担忧。

责任感落实到平常工作中就是责任心。虽然人们的能力有大小，但无论是领导者还是普通员工，系于责任就没有小事。一颗道钉足以倾覆一列火车，一根火柴足以毁掉一片森林，一张处方足以挽救一个人的生命。很多低级错误，包括一些本不该发生的重大安全事故，就是因为缺少那么一点点责任心。因而，我们倡导责任就是要营造一种能够培养良好习惯与心态，敢于直言不讳，对任何事都尽心尽力、精益求精，善于将小事做完美、做精致的氛围。在这种氛围浸润下，让每个人都树立正向、积极、向上的心态，成为有责任感、责任心，对家庭、企业、社会负责的合格公民和合格员工。

控制是束缚人创造力和积极性的一种管理方式。尽管程度不同，但控制的基本形式就是“管”与“防”。“管”必然要通过名目繁多的制度、规定来实现控制的目的。“管”得过严过死，人就会产生逆反心理，或唯唯诺诺，或阳奉阴违，人的能力就难以提高，团队的正向、积极心态就难以树立。“防”即提防，此为企业领导者的大忌。你防我，我防你，防来防去，信任就没有了。缺乏信任就不可能建立良好的沟通、交流渠道，更谈不上合作了。很难想象，一个企业能在没有信任、缺少合作的环境下健康成长。超越限度的“管”与“防”都是不利于企业发展的管理模式。

领导者应当引导团队多些责任意识，以调动团队中每一分子的积极性与创造力，自觉地为实现团体目标干好自己的事，而不是用控制的方式束缚团队提高能力、展现活力。

淡化权力，减少控制　勇于担当，敢于负责

“天下兴亡，匹夫有责。”自古以来，责任就被视为人类社会活动必不可少的东西。淡化权力，减少控制，勇于担当，敢于负责，进而最大限度地激发人的积极性与创造性，才是实现有效管理的要义。

权力意味着支配与控制。企业各级主管如果过分看重“位置”所带来的权力，这种“良好感觉”往往会导致权力的滥用，形成“顺我者昌，逆我者亡”的氛围。以“管”为主，员工要么逆反心理扩大，要么拉帮结派、阿谀逢迎。此时，企业高管就可能忽略应该关心和服务的对象，人才的积极性、创造性就得不到充分发挥，团队便会丧失信任感、凝聚力，企业只能走向衰亡。

企业的权力是股东、员工授予的，这些权力来源于信任。各级主管职位的高低、权力的大小，所反映的只是受信任的程度。

企业将生存发展大计交付给各级管理者把握实施，这种信任所对

应的就是责任。因此，我们应明确，权力首先就是责任，权力越大责任越大。如果主管将权力视为责任，那他的心态就是正向的。权力行使的过程，实际上就是责任感落实的过程。

干好本职工作是权力行使的主要途径，也是责任感落实的主要形式。虽然人们的工作内容不尽相同，但无论是领导者还是普通员工，干好本职工作，系于责任就没有小事。因而，我们提倡对工作尽心尽力、精益求精，善于从小事做起，力求将工作做完美、做精致。

企业是社会的，其存在价值就是为社会和员工带来益处。因此，各级主管应肩负起企业的使命，抛弃唯利是图、短视经营的观念，保证企业持久发展。同时，要善于优化内部配置，发现人才、用好人才，用心激发大家的聪明才智与干劲，营造积极向上、专心干事的氛围，让每位员工都成为对家庭、对社会负责的好公民。

优秀主管的基本素质

第一，以“外圆内方”为基本行为准则，做人做事要内外有别，学会“做人如水，做事如山”。

对外要以学习和尊重为主，始终坚持正面原则，包容他人的缺点，善于发现和学习他人的长处，做到如水般清澈和谐，为企业发展创造良好的外部环境。

对内要以严格要求和规范为主，通过制度和规则，塑造员工良好的行为习惯，倡导“做事如山”，踏踏实实。凡事多从自身找原因，学别人之长，找自己之短，从而不断改变自己，提升自己解决问题的能力。

第二，对待下属要以关心爱护为主，不断为员工创造学习提升的机会与空间。

第三，要敢于任用能力比自己强的人，善于为能力强的人提供舞台，这是成功人士的优秀品质。做到了这一点，不仅下属拥护、尊重，上级也会重用、提拔。

第四，要减少埋怨和争斗。要保持积极乐观的心态，始终看到事情好的方面，并朝好的结果不断努力，一味抱怨只会让人厌烦。要“少争戒斗”。与别人争斗，别人就会成为你的敌人；关心帮助别人，别人就会成为你的朋友。

第五，要区分竞争和实力。竞争以打败别人为目的，与别人竞争，别人就会成为你的对手；实力则重视通过自我学习和改变来实现提升与进步。竞争的目的不是打倒别人，而是不断强化活力，改变自己。

第六，做事重在过程，不能过于重视结果。凡事往好处想、往好处做，自然会有好的结果。

第七，市场要以“实”为基础，在“实”的基础上进行细分，在细分基础上不断优化，在优化的基础上再探讨进一步做大。市场绝非越大越好，切忌盲目追求规模。

第八，要区分市场和经济。要埋头做事，不断提高市场占有率，而不能把追求利润放在第一位，更不能以利润多少作为衡量成败的唯一标准。

责任是职业经理人的第一要义

人要立足于世，就必须担负各种责任。对职业经理人而言，责任就是要对自己负责，对工作负责，对家人负责，对他人负责。只有负责任，才可能有爱心。

一、责任是职业经理人的第一要义

1. 经营权与所有权的分离

职业经理人是受公司股东委托具体经营管理公司的优秀人士，公司的所有权属于股东，经营权属于职业经理人。因此，职业经理人的首要责任就是要实现公司经营管理的提升，不能混淆经营权和所有权。

2. 责任是对经理人最好的考核

职业经理人要忠实地行使股东所赋予的权力，履行股东所托付的职责。对职业经理人的考核要做到以责任考察为主，不能只侧重效益的增长，更不能将企业引入唯利是图的境地。责任是本分，也就是承担应当承担的责任，完成应当完成的任务。

二、责任意识的培养

1. 责任与能力相互促进

责任提升能力，只有勇于承担责任才会不断成长。没有责任，工作就没有效率，企业就没有提升。只有负责任的人才能得到公司信任，获得发展空间，也才能在更大程度上提升能力、挖掘潜力。

能力展示责任，能力越强责任越大。公司为每位员工打造展示能力的平台，能力的发挥就是责任的展示，负责任就是把自身能力转化为生产力，促进公司发展，同时也能够实现自身价值。

2. 对工作负责，就是对自己负责

责任感使工作变得有趣，能够使人充满激情地工作。列夫托尔斯

泰说过："一个人若是没有热情，他将一事无成，而热情的基点正是责任心。"只有负责任的人才能得到领导的信任。人总要为自己的行为负责任，担责越多，回报也越大。在其位就要谋其政，在什么位置上就要负什么责任。

三、责任在于承担，承担在于执行力

1. 发现问题与解决问题

发现问题是我们的责任，解决问题是我们的工作。公司存在的问题多，这是我们自己的问题。我们不能在发现问题后，有意选择逃避，这是不负责任的表现。作为管理者，责任是第一位的，负责任就是要把公司好的基因不断扩大，最终让公司成为一个文明的载体。

2. 关键还在行动

制订出计划之后，关键是要落实在行动上，落实到日常工作中，不能只说不做。一打纲领不如一个行动，一次行动胜于百次空谈。说一千道一万，关键还在行动。没有行动，任何口号都没有意义。落实任务必须言行一致，立即行动。

3. 不要只对上级负责

每个人要对自己负责，不要只对上级负责。对自己负责才是实实在在的东西，一个人如果不能对自己负责，他根本没有资格对别人负责，更不会对公司负责。作为管理者，我们要坚定不移地对下级负责，有爱心，对员工负责，关心员工成长，关注员工生活。

责任是职业经理人的第一要义，也是评价职业经理人的第一原则。职业经理人要以责任为导向，为公司长远发展与个人持续成长做出努力。

优秀职业经理人的必备素养

一、发展是生存的根本，优秀职业人士应把发展放在第一位

企业要以发展为前提，企业只有不断发展才能充满吸引力，发展是解决矛盾的首要途径。发展是需要机遇的，而机遇是稍纵即逝的，我们要在发展中解决问题，走边发展边规范的路子。

发展是由市场经济规律决定的。“质优价廉、优胜劣汰”是市场经济的两条铁律。优秀职业人士必须保持积极向上的心态，奋发进取，加快发展，不断把企业推向前进。

二、坚持爱心与正面，相互包容，才能增强团队整体实力

优秀职业人士长处很多，也有不少个性差异，大家要相互尊重、相互包容，少一点自私，多一点责任，多为别人着想，如此才能优势互补，形成团队共谋发展的向心力。

优秀职业人士要有爱心，要帮助下属成长，关心员工生活，帮助员工提升与发展；要有亲和力，要多与大家沟通交流，多看别人长处，多用能力比自己强的人，既有原则性又有灵活性。

三、不断反省，不断学习，才能提高能力、挖掘潜能

事业不会一帆风顺，能力不会一蹴而就。发现问题是我们的责任，解决问题是我们的工作，也是能力提升的途径。唯有不断发现问题、解决问题，不断学习、反省、改变，才能提高能力、挖掘潜能。

优秀职业人士要勇于承担更多责任，把公司做成责任公司，才能

更快地、更好地推动企业价值与个人价值的实现。

职业经理人的修养

职业经理人的素质高低决定企业的发展前景。奋发进取，干事创业，始终把发展放在第一位；坚持正面，相互包容，保持亲和力；不断学习，不断反省，提高能力，挖掘潜能，乐于奉献，这是职业经理人应具备的基本修养。

职业经理人一定要把发展放在第一位，一切要以发展为前提，无论做什么都不能阻碍企业的发展。发展的时间性特别强，机遇稍纵即逝；不要因为有风险、有问题就停滞发展，要在发展中解决问题，走边发展边规范的路子。

发展是由市场经济规律决定的。优胜劣汰是市场经济的基本规律，企业不发展自然就会被市场淘汰。职业经理人必须保持积极向上的心态，奋发进取，加快发展，不断把企业推向前进，如此才能在市场风浪中站稳脚跟。

职业经理人都是优秀人士，长处很多缺点也有，关键是要坚持正面，相互尊重，相互包容，优势互补，保持亲和力。坚持正面就是要做一个好人，少一点自私，多一点责任，多为别人着想，多给别人带来利益。“水至清则无鱼”，要尊重他人、包容他人，并以此赢得更多的朋友；抱怨不仅产生矛盾，不利于问题解决，还会使自己成为孤家寡人。职业经理人还要具有亲和力，要放下架子多与大家交流，多看别人的长处，多用能力比自己强的人，广结人缘，公道办事，既有原则性又有灵活性，如果高高在上，只看别人的短处，只用比自己能力差的人，结果便是事业一团糟，最终自己也只有被淘汰。

事业发展不会一帆风顺，能力提高也不会一蹴而就。唯有坚持学习创新，不断反省自己，才能跟上事业发展的步伐。与此同时，企业要把企业做成责任公司，让职业经理人承担更多责任，以促使其主动挖掘潜能、踏实做事。

提倡合作就要反对争斗。与人斗，失去信任；与地斗，破坏自然；与天斗，伤天害理。斗来斗去，两败俱伤。与别人合作，向标杆学习，帮助别人，形成策略联盟，收获的则是共赢和谐的硕果，迎来的必是行业的美好明天！

正面是职业经理人的必备条件

正面是一种力量，是一种不能以数字衡量价值的无形而巨大的力量。何为正面？正面是仁爱、喜乐、和平、忍耐、恩慈、良善、信实、温柔、节制等美德的聚合。正面与负面相对，负面则是自私、自大、嫉妒、仇恨、阴暗、抱怨、虚荣、争斗、张狂、欺骗等品行在人身上的不同表现。

据新闻报道说，有 23 名韩国人被塔利班绑架，但反复播放的画面上却是一张张灿烂的笑脸。这 23 人都是基督教徒，去阿富汗是做义工、传福音的。当下的阿富汗战乱频仍，凶险此起彼伏。这样艰险的环境，按一般人的思维，唯恐避之不及，他们却为何“明知山有虎，偏向虎山行”呢？在他们眼中，做义工、传福音是一项仁爱、恩慈，能给别人带来益处的事业，是在用正面影响人、感染人，所以他们无所畏惧。

人既有正面，也有负面，是正面负面的统一体，两个方面的不同发挥决定了一个人的人生甚至一个民族的命运。

正面是一个人、一个企业乃至一个国家获得认可和肯定的前提。人不可能孤立地活在世界上，要得到别人的肯定和赞扬，正面是必不可少的。人选择正面或者负面，解决的其实是自己如何对待别人和别人如何评价自己的大问题。第二次世界大战中的德国，是一个负面的人带领一个负面的团队，他黑白颠倒、正负异向，结果把整个国家都拖入了负面之中，给一个民族带来了几近毁灭的灾难。可见，人的负面达到极致时，其后果有多么可怕。

正面让人富有爱心、乐观向上、积极主动、做事简单、自我反思、不断提升；想问题做事情时能换位思考，逐渐摆脱以自我为中心的思维，在给别人带来益处的同时也可以实现自身的价值；它能让人认识到自身的不足，扬长补短，改变自己，而改变自己的过程就是与自己竞争的过程，也是能力不断提升的过程。

人处在正面时能容忍别人的不同，以美好的眼光看待、欣赏别人，就容易与别人合作，进而形成团队。一个正面的团队必然是一个和谐的团队，大家在团队中各扬所长、相互合作、彼此尊重，共同成就一番事业。

正面与负面都是一个人，人一会儿在正面一会儿在负面，这就是人的复杂性。作为主管，特别是高管，一定要处在正面状态，因为高管和各级主管是企业的中流砥柱，责任十分重大。

处于正面状态，就是要多看别人的长处、优点，关怀下属，帮助同级，尊重上级。关怀下属，首先要关心他们的生活，解除他们的后顾之忧。要为员工提供展示才华的舞台，调动他们的积极性。如果主管处在负面状态，即使是自己工作没做好，他也会错误地认为是下属能力不行，甚至欺负下属。处在负面状态的主管，容易做出“顺我者昌，逆我者亡”的举措，下属会因此惧怕甚至怨恨主管，影响企业发展。

对同级支持、帮助，就会互相学习长处，取长补短，工作上就会互相协作，共同促进。尊重上级是对下属的基本要求，如果光盯着上级的毛病，老认为上级不如自己，不但活得很累，离失去工作也就不远了。

股东投资为大家建立了一个展示才华的平台，有了这个平台，大家才有了用武之地。股东最大的贡献就是为大家创造了就业机会。大家珍惜这个平台，就要把责任放在第一位，淡化权力，强化责任。责任就是做好分内应做的事。发现问题是我们的责任，解决问题是我们的工作。如果主管崇尚权力，人就会处于负面，就会拉帮结派，关系盛行，明争暗斗，企业就会变成是非之地，从而难以发展。作为主管，要引导大家多从专业上提升，多一点责任意识，少一点权力意识。

坚持正面，看到的是别人的优点，就会不断向别人学习，不断让自己改变、创新、超越。人处在正面，就会干一行爱一行，发挥出自己的潜能。企业是为能力强的人提供的舞台，坚持正面，就要敢于用比自己能力强的人。人力资源建设是企业第一位的工作，优秀人员构成优秀公司。要引进专业化、国际化、年轻化的高层次人才，给他们提供舞台，让他们放手去干，以促进亚太中慧向国际化迈进。

正面就像爬山一样，需要你帮我我帮你，只有大家互相帮扶，才能一起到达顶点；而负面则像打滑梯，很容易就坠落下去了，这对企业和团队来说，都是非常危险的。

尽心与尽力

从前，有两个石匠在一起做事，他们的工作是为建教堂砸石子。这是一项辛苦的工作，两个人非常卖力，但其中一个总是比另一个业绩好很多。业绩小的那个总在心里嘀咕："我从来不使奸、不耍滑，每次干活都是大汗淋漓，我的活儿为何总比他少？"另一个干活时总是面带微笑，辛苦的工作对他来说似乎是一种乐趣和享受，他总在心里对自己说："我是一个基督徒，能为上帝做点小事，感到非常荣耀！"

做同样的活儿，为何效果迥然不同？这其中涉及的是尽心与尽力的问题。一个是尽力而为，一个是尽心而为。尽心与尽力虽然只是一字之差，结果却相去甚远。

在工作和生活中，我们经常会遇到这样一些人：在一项具体工作中，他们也在努力去做，但因为事情的复杂性或其他原因，继续按往常的思路或习惯做下去，工作将难以达到预期目的，这时他们就会说：这事我已经尽了最大努力，出现这种状况是客观原因，不是我的责任，然后就把工作或问题抛给了上司。有的人却不是这样，他遇到难题时，从来不抱怨、不推卸，而是针对问题仔细查找原因，千方百计地寻求解决办法，直到最后成功。

尽力的人遇到问题总是先找原因，以便推卸责任，尽心的人则是先找办法，以最快的速度解决问题。尽力的人遇到问题时会认为是天意如此，不会再做其他尝试，尽心的人想的却是还有没有别的办法；尽力的人虽然恪尽职守、兢兢业业，但他们不敢主动承担责任和压力，尽心的人却愿意主动承担责任和压力；尽力的人出了问题会说这件事与我无关，尽心的人却在考虑这件事对团队、他人的影响；尽力的人做完事后总是甩甩手说我做完了，尽心的人每做完一件事情都要认真考虑一下这件事情还有没有优化的可能性；尽力的人时常是被动应付的，常为挫折或失败寻找借口，尽心的人则是主动的、积极的，他们不灰心、不丧气，永远积极向上。

尽力用的是能力，能力是今天的，能力只有不断提高，今天的能力才能持久；尽心则是潜力，潜力是明天的，它来源于好的心态。人的潜力是无限的，需要不断挖掘，只有那些对工作、生活充满热情、希望的人，才会坚持不懈地挖掘自身潜力。尽心需要热心、耐心和用心，只有尽心，做事才能让别人放心。做事既尽力又尽心，是一个人对自己命运的最好把握。如果团队中的每个人都能尽心尽力，建立百年基业的理想就不会是一句空话。因此，我们要大力提倡尽心尽力这一关乎每个人前途命运的生活态度和工作作风。

少一点自私与抱怨　多一点关爱与责任

价值型企业是我们始终不渝的目标。迈向这一目标，团队协作至关重要。如何让团队保持高度的凝聚力，需要团队每个成员，特别是各级主管，要少一点自私与抱怨，多一点关爱与责任。

自私与抱怨是团队建设的天敌。自私就是把自己的利益放在首位，就是重自己、轻别人，归根结底就是缺乏爱心。遇到利益、功劳就抢，力求归于自己；遇到困难、问题不是找借口，就是往后退，抱怨环境，抱怨同事，抱怨他人，推卸责任。这类人看似“聪明”，实则是小聪明、小心眼、小算计，是聪明过头。试想，谁愿意跟光占便宜不吃亏的人来往呢？凡事先考虑自己会形成一种定式思维，时间一久就容易形成习惯，积习是很难改变的。自私最后会走向贪得无厌，其结果必定是众叛亲离。所以，自私自利的人注定是朋友很少、价值很小。

抱怨就是不满意。如果只盯着别人的短处，看什么都不会顺眼，自然就不会开心，这实际上是在拿别人的不足折磨自己。“人非圣贤，孰能无过？”凡人都有不足，但千万不可把别人的不足放大。别人有不足可以帮他改正，如果一味地抱怨，不仅于事无补，还会损人不利己，是双输。抱怨还是消极与麻烦的制造者。乐观促人积极向上，抱怨让人消极悲观。如果主管成天怨天尤人，整个团队就会人心涣散、陷入负面。因此，坚持爱心，坚持正面，让团队团结一致向前看是各级主管的责任，也是团队高效率的源泉。

关爱就是关心、爱护。对同事要关心，对下属要关怀，对他人要尊重、学习，对需要帮助的人要施以援手。关爱需要付出爱心，不计回报。我们都有这样的经历，对帮助过我们的人，我们一直都铭记在心，就像他们在我们的感情银行存了款一样，时时想着要回报给他们“利息”。所以，关爱他人实际上就是关爱自己。“外圆内方”是我们做人做事的重要方法，在工作上应严格要求，一丝不苟；在生活、学习上，要互相关心爱护，如同兄弟姐妹。关爱他人，首先要尊重他人，懂得尊重就会多看别人的优点与长处，并反复比照，自省自察，不断改进，从而把事情做得更好。每个人都能干好自己的事情，就是尽到了责任。各级主管要把员工挂在心上，让员工舒心、顺心，少一点不满，多一点愉快，只有团队充满温馨、和谐，企业才会有凝聚力、向心力，工作才更有乐趣，生活才有滋有味。

责任就是遇到问题主动承担。敢于担当责任是成功人士的重要特质。只有领导敢于担当责任，大家内心才会踏实，才会主动去解决问题，而不是逃避责任，才能赢得别人的尊重与合作。主管牢固树立起责任意识，就为团队安心做事、踏实做事建立起了坚实的保障。责任还是认真做事的态度。把自己的工作做好，做得让别人满意，这就是责任。只有尽心尽责，才有安身立命、养家糊口的本钱，否则，你离被淘汰就不远了。还有，能力是在尽心尽责中不断提高的，因为事情越干才越会干，脑子越用才越灵活，创新的火花只有在干事中才会不断闪现。

人的生命是短暂的。如何让自己的人生过得有价值、放光彩，需要我们每个人放大眼量、打开胸怀，多一点关爱与责任，为他人、社会多做一点有意义的事情。

发现问题是责任　解决问题是能力

国外某航空公司一架客机不幸坠毁。面对此次事故，这家航空公司立刻着手遇难者的赔付工作。经协商，最终给每位罹难者赔偿了 60 万美元。在安抚好罹难者家属之后，航空公司才开始详查事故原因。

几乎在同一时期，国内某航空公司一架客机也失事坠毁了，死伤惨重。该航空公司的此次危机公关却是以寻找借口为基调，引起了广泛不满。

此后不久，情况发生了微妙的变化：国外这家航空公司的乘客明显增多了，尽管票价偏高，但上座率仍然很高；而国内这家航空公司的空座率却明显上升了。

只要在做事情，就会不断出现问题。出现问题是正常的，关键是出现了问题怎么办。只要是忙着先找原因，就是推卸责任，可能会因此失去解决问题的最佳时机，其结果就像国内那家航空公司一样，最终失去他人的信任。出现问题先解决问题，这是我们所推崇和提倡的，也是被实践所证明的正确方式。

发现问题和解决问题是一个主管应当具备的素质。能力的提升首先来自实践，工作是发现并解决问题的源头。只有干一行、爱一行、专一行、精一行的人才能在工作中不断发现问题，从而改进工作，让工作更得心应手，并在工作中积累经验，让能力不断得到提升。

发现问题是为了改进工作，并不是挑刺。“水至清则无鱼，人至察则无徒”，求全责备只能将问题复杂化。看待人和事，我们应努力看其长处，往好处想，坚持正面原则。但是，这并不是要忽视问题，而应及时发现问题。

不可否认，遇到问题有些人的第一反应往往是推卸责任、逃避惩罚。但是，企业是责任的组合，发现问题不去解决，相互扯皮推诿，企业便会成为一个是非之地。企业内部不应争论对错，而应积极解决问题，务求实效。

解决问题需要正面心态。如果遇到问题先找原因、找借口，只会错失改正、发展的良机，是不负责任的表现。我们应完善对待问题的心态，遇事要以最快的速度提出解决方案，要以他人为中心，为别人着想，并迅速付诸实践。对外要树立良好的形象，对内要建立奖惩机制，以凝聚团队力量，形成正视问题、勇于担当的企业氛围。在问题面前，各级主管应该积极调配人财物等资源，将解决问题摆在首位，遇事扯皮推诿是不称职的表现。

解决问题是一个人能力的展示，同时也是其能力提升的有效途径。我们所从事的行业复杂多变，公司发展也会经历一些波折，只有承担起发现问题的责任，在积极解决问题中不断提升完善，我们才能实现企业的持续发展与价值实现。

为自己工作永远不累

有一位木匠年事已高，将要退休。他告诉老板，虽然他退休后仍会惦记工作，并能拿到不错的薪水，但他感到累了，而且向往享受天伦之乐的生活。老板舍不得这位曾经出类拔萃的木匠，希望他离职前能再造一栋房子，木匠犹豫片刻答应了。

令人遗憾的是，这次木匠并没有用心建造房子，他用“说得过去”的材料、“差不多就行”的标准，建造了他职业生涯的最后一栋房子。建成后，老板来检视了一番，最后把钥匙交到他手上说：“这房子就是你的了，这就是我送给你的礼物。”老木匠十分后悔：如果早知道这是为自己建造的房子，我一定会用最好的材料、最高的标准，尽心尽力、一丝不苟，将房子造成精品。

对待同一件事，心态不同，结果往往有天壤之别。同样是对待工作，若抱有为别人工作的心态，自然只能“为心所累”。

怎样才能工作不累呢？

一、为自己工作，才能更务实

首先必须扭转为别人工作的心态，我们必须明白：工作不是为公司干的，更不是干给领导看的，而完全是为自己干的。伏尔泰曾说过："工作撵跑三个恶魔：无聊、堕落和贫穷。"只有通过努力工作，经过汗水的催化，我们的学识和才智才能转化为能力和价值，生活才有更好的经济基础，人生也才能凭此更上新台阶。

工作是为自己而干，自己就是工作中一切"成本投入"和"效益享有"的第一利益相关人，明白了这个道理，我们干工作就不会耍花架子、刷存在感，而是一心扑到解决客户需求上。古语有云："大人不华，君子务实。"意思就是优秀的人不慕浮华，不徒有其表；有修养的人看重实际，注重实干。务实既是一种态度，也是一种精神，更是一种能力。因此，面对工作，我们要脚踏实地，立足本职，不仅要干一行、爱一行、专一行、精一行，还要主动走出"舒适区"，积极为自己找活干，"多干一分，多得一份"，努力为自己争取更广阔的发展空间。任何人都不是救世主，唯有真才实学才是真本事。否则，"当一天和尚撞一天钟"，不仅会拖累团队，还会耽误自己。

二、保持正面，才不会懈怠

要持续保持对工作的热情和专注并不是一件很容易的事。工作不会总是一帆风顺，困难与挑战是难免的。面对这些"拦路虎"，如果陷入消极、懒惰的负面心态中无法自拔，人生就会黯淡无光；如果保持积极进取的正面心态，直面困难，解决困难，人生则会大放异彩！

我们要把职场当作人生的修炼场，始终保持正面心态，凡事往好处想、往好处做。如果我们能将工作中遇到的困难和问题当作提高自身能力、提升自我价值的契机，那么，一切问题就不再是问题，困难和问题也将转化成成长的机会。在宏观经济及行业发展调整期，我们要坚定信念，更加踏实地工作，不断加深对行业的认知，不断提高应对各类问题的能力。俗话说："没有白受的罪，没有白吃的苦。"所有的"磨砺"最终都将成为宝贵的资本，这正应了"宰相必起于州部，猛将必发于卒伍"这句名言。如此，我们不仅不会工作懈怠，更不会被困难压垮，反而会在压力中加速成长，成为逆风飞翔的雄鹰。

三、灵活用心，才能更出彩

宏观经济和行业发展日新月异，经营管理面临的问题千变万化，新技术、新思维也层出不穷，工作要想更富有成效，墨守成规、固守窠臼肯定是行不通的。我认为，面对工作，除了积极主动、奋发向上之外，还必须掌握"灵活"的技巧。

灵活并不是耍小聪明、投机取巧，而是恪守商业规律及经营管理常识，拨开现实纷纷扰扰，不偷工减料、不偷奸耍滑，用最简单最质朴甚至最笨拙的办法，直指实现客户价值最大化的目标。比如，在产品上，我们要实现"成本比别人省一点，质量比别人好一点，价格比别人低一点，转变比别人快一点"的目标，就必须做到"人无我有，人有我优，人优我廉，人廉我转"。这种灵活有时意味着调整迅速、快捷，有时也意味着"慢"和"固执"，比如，虽然方式方法有千种万种，但目的必须始终不变。

保持灵活需要耗费大量体力、脑力，但所有努力的成果也将在自身价值提升中得以体现，这样的付出是值得的。

好人是“逼”出来的

人是多面性的，好与坏、善与恶常常是矛盾的统一体。人处于正面时，社会给予的评价是肯定、积极的，就是我们通常所讲的好人；若负面占了一个人的主流，损人利己的事干多了，评价此类人时，大家就会摇头。我们所提倡的是，抑恶扬善，多做好事、善事，努力让自己成为一个让别人点头的好人。成为好人的历程常常需要克制自己，这是一个“逼”的过程。

我们常说“浪子回头金不换”，一个坏人被淘汰两次以后也会变成好人。这就形象地说明，当好人的过程并非一帆风顺，有时不仅要脱一两层皮，甚至还要脱胎换骨。所谓好人就是要给别人带来益处，这也是做人的价值。要想成为一个有价值的人，就必须经历从身体到内心的磨炼，震动心灵，坚韧性格，提升品德，增加才能，使自己不断成长。只有不断“逼”自己，才能使自己成为一个对别人有益的人。

体现价值，给别人带来利益，就要调整心态，提升爱心，多些正面，少些负面。正面的内涵很广泛，比如心态正向、阳光，做事认真、积极、勤奋，做人诚实守信，讲美德、有爱心等；而自私懒惰、心胸狭隘、唯利是图、玩弄权术等，就是负面的。强化正面，减少负面，就要比别人多努力、多学习、多付出。当前，世界变化很快，新知识、新情况不断出现，不加强学习将会被社会所淘汰。汗水不会白流，付出的越多，成功的概率就越大。反之，如果一味放纵自己，不去学习、提升自己，做事不负责任，做人不讲原则，负面的东西多了，对别人不利，对自己将更不利。

做人做事不会一帆风顺。遇到挫折，关键是不要气馁，挫折虽然给人带来的是痛苦，但它往往可以磨炼人的意志，使人学会思考，促人警醒。要珍惜挫折，把挫折当成宝贵财富，从中总结经验教训，也可以丰富人生。人生就是在这种螺旋式前进中成长进步的。

危机感是创新的动力

一个现象耐人寻味：举凡移民国家或城市，无论大小、新旧，都是经济发达、社会文明，居于上游。美国、加拿大、澳大利亚、新西兰、新加坡等国家是如此，以深圳为代表的新兴移民城市也是如此。

移民社会为何能屡屡创造神奇呢？关键就在于其社会中最突出、最活跃的移民成分发挥了领军作用。移民多数有胆有识，胆就是胆量，能在危机时刻显现出非同寻常的选择力；识就是知识、见识，就是对事物敏锐的洞察力。如果说胆与识是移民在“新世界”安身立命的本钱，那么，移民身上那种求新求变、自强不息的强烈危机感则是创造神奇的动力之源。他们背负太多的期盼，自知没有退路，常常“置之死地而后生”。正是依靠这种超越常规、大胆创新的精神力量，在艰难困苦的环境中，将压力变成动力，迸发出了常人难以想象的能动性，才创造出了很多传奇的故事。

求新求变、自强不息是移民的内在特质，外在力量则是整个社会不排斥、不歧视、包容开放的氛围。这种氛围决定了是否能让人才发挥最大的想象力与创造力。美国就因此一度成为吸纳人才的最大磁石，也奠定了美国强大的基础。20 世纪 30 年代，在以纳粹为代表的欧洲势力大量排斥犹太人时，美国却敞开博大的胸怀欢迎他们，爱因斯坦、基辛格等都是在美国这片新天地里崭露头角的，他们也因此改变了美国的命运。新加坡作为一个天然资源极度缺乏、民族杂居的城市国家，危机意识深入每个国民的骨髓之中，他们把人才视为第一要素，不拘一格降人才，并为新移民搭建了可以施展才华的舞台，使这个在世界地图上只能勉强占上一点的小国家，连续十年进入世界最具创新能力的十强国家之列。

移民的创造力来自他们的"动"，"动"就意味着要放弃从前的一切辉煌与缺憾，重新开始，从头再来。要生存、要发展就要付出更多的心血与汗水。他们是一张白纸，没有条条框框。他们如逆水行舟，不进则退，所以，他们的危机感很强。正是这种危机意识激发了人的巨大潜能，这也是为何移民社会创新能力更强的深层原因。

没有创新的民族是一个没有希望的民族，没有危机感的民族也不会是一个强大的民族。国家、民族如此，企业也如此。没有危机感的企业创新动力不足，发展必定不会持久。如何让企业上下增强危机意识，不妨借鉴一下"移民现象"，让人才"流"起来，让企业"动"起来，并以此来激发人的潜能，来创造更大的辉煌。

保守是落后的表现

新加坡《联合早报》曾经报道了一则消息，题目叫《900 职位供年长者申请》。报道中有位叫戴金福的 70 岁老人，他申请当电话中心客服人员。这位老人坚持找份工作的理由是"让晚年过得充实，否则头脑会生锈"。"头脑生锈"就会保守、落伍，就会与快速发展的社会脱节。

张唐之说

我们每个人，特别是团队领导者，都要学习戴金福老人的这种精神，坚持“不让头脑生锈”，积极面对人生。保守是企业的绊脚石，是消极落后、满足现状、不思进取的代名词。

有两种现象值得我们好好研究：有的团队、企业取得了一点成绩就沾沾自喜。但凡进入了这种状态，事业发展的步伐就会放慢、停滞甚至倒退了。为什么？因为自我感觉良好就容易骄傲自满、自以为是，不再虚心学习别人的长处，事业就走进了负面。还有一种进入负面状态的现象是，干什么事都缩手缩脚，企业运转凭的是感觉和经验，凭的是老办法。久而久之，企业就会缺乏积极向上的心态和创新精神。须知事物都是不断变化的，昨天成功的经验可能就是今天失败的原因。这些年来，我们目睹了许多企业的衰落，究其原因，不是骄傲自满就是缺乏创新，而追根溯源，都在于“头脑生锈”。

企业在发展过程中，不可避免地会遇到各种各样的问题，就看我们以怎样的心态去对待。如果我们以创新思维去面对，不但能解决问题，还能提高能力、明晰思路、健全机制，整个团队也会生机勃勃。而一旦进入保守状态，企业就会变得“经脉不通”，员工的潜能得不到发挥、个性得不到尊重，人力资源成本就会显著上升。企业长期处于保守状态，还会变得自私、狭隘，急功近利，缺乏与外界沟通。企业要发展，就要开放思维、开放胸襟，真诚面对客户、同行、商家等，努力寻求整个产业链的共赢和升级，致力于和谐社会的构建，才能赢得社会的长期认可。

许多企业都打出了建立“百年老店”的旗号，这是很正向的，但同时也应记住，企业的平均寿命是非常短的。要想“长命百岁”，唯有不断学习、不断创新。

知识改变命运、丰满人生

一、知识充盈人的大脑，修缮心智

1. 知识充实大脑，提升素质

人生是一张白纸，知识是描绘人生的彩笔。只有不断吸取各种知识，才能创造多彩人生。一个有丰富知识的人才是丰满的。人的大脑只有不断补充新的知识才能保持活力。

2. 知识改变认知方式，开阔眼界

心智就是认知事物的思维模式，很多人容易形成固定思维模式，用一种方式去理解多变的社会，心智模式的不断修缮需要不断补充知识。通过学习知识修缮心智，不能局限于固有观念。

二、知识是无止境的，必须不断学习

1. 知识无国界

现在的世界是开放的世界。我们不能故步自封，必须敞开心胸，学习多样化的知识。我们提倡不断改变自我、提高自我、丰富自我、完善自我，努力让自己成为一个富有爱心、对别人有益、受人尊敬的好人。只有不断学习、反省，才能不落后于时代的发展，才能使公司发展跟上市场的节奏，也才能促进行业健康发展。

2. 知识源于学习

学习有三种方式，一是读书学习，将知识转化为能力。二是向标杆同行学习，将别人的经验运用到工作当中去。三是不断反省。反省是自我提升的重要手段，作为学习的方式之一，反省就是要把固定的思维方式、行为习惯和因循守旧的思想打破，奋力向前向上。

三、爱心做人，正面做事

爱心做人就是爱心对待自己、爱心对待他人、爱心对待工作、爱心对待生活。做到以他人为中心，为他人带来益处。

正面做事就是凡事要往好处想、往好处做，这样必然有好的结果。主管要以身作则，杜绝负面。正面可以感染人，负面也可以污染人。

四、年轻的专业人员是行业健康发展的前提

1. 专业人才提升行业水平

食品行业当前的产业水平低下，现代化水平不高，很多公司还是粗放型操作。因此，食品行业急需专业人才。专业人才需要把专业知识转化为生产力，以推动行业健康发展。

2. 食品行业需要年轻人才

年轻意味着活力和激情，食品行业是一个年轻的产业，更需要年轻人才，尤其是年轻的专业人才。

五、激励旨在促进行业健康发展

1. 激励旨在督促员工不断学习知识

设立奖学金是为了督促食品从业人员能够不断学习新知识。学习虽然是自己的事情，但外力的促进也会产生很好的作用。把奖学金颁发给不断学习、积极进取的人，也是着眼于整个食品行业的健康发展。

2. 安全健康是食品行业的基本要求

我在国外居住的时间比较长，在国外是没有健康食品这一个概念

的，因为安全是食品行业的最低要求。因此，作为食品行业的从业人员，我希望你们能够学以致用，不断提高自身素质，把知识运用到行业发展中，促进行业健康发展。

学习是成功的加速器

当下，社会大环境纷繁复杂，行业发展风云变幻，在激流涌动的前进大潮中，我们不进则退，唯有不断学习与提升才能跟上时代发展的步伐。养成不断学习的习惯，不仅是企业持续发展的基本要求，更是个人奔向成功的加速器。学习主要有以下三种方式。

学习可以增加知识储备。在工作中，我们常常感慨原有知识不够用，这就需要加强学习，不断充实自己。但学习并不是“读死书、死读书”，我们应该着重掌握学习方法，懂得举一反三。知识只有在特定环境下才能转化为能力，也只有将不断增长的知识储备转化为不断提高的工作能力，知识才能成为我们走向成功的动力源泉。

向别人学习可以提高自身能力。能力的提升既需要自己努力工作，在干中学，也需要学习别人的经验。“三人行必有我师”，我们应善于发现别人的长处，谦虚好学，积极向标杆靠拢，并在相互赶超中不断提高自身的素养，借助一个个巨人的肩膀不断攀登高峰。

学习可以不断挖掘潜力。学习是一个不断修正错误、去伪存真的过程，可使我们通过鉴别自身不足，寻找改变、创新的可能性。只有不断反省并认识到自己的不足，我们才能主动学习别人的优点和长处，促进成长进步；反省还是一种创新能力，世界飞速变化，事业日新月异，只有不断反省，我们才能紧跟事物的变化，寻找到事业与人生新的“蓝海”。

修身励志没有捷径，人生最值得的投资就是磨炼自己。让我们共同强化学习的习惯，用良好的思考、创新、实干与适应能力真正为自己建立生存发展的保障。

学习的三个通路

一、向书本学习

学无止境。读书是一个艰苦的学习过程，需要毅力。工作之后，我们很快就会发现原有知识储备不够用，此时，我们应带着问题主动去学习。

任何知识都是动态的，需活学活用，不能生搬硬套。我们不提倡“读死书”，而应着重掌握学习方法，保持灵活性。

知识只有在特定环境下才能体现其价值，也只有将学到的知识转化为能力才能体现并提高个人价值。

二、向他人学习

向他人学习要靠良好的心态。保持正向心态的人更善于发现别人的长处，乐于向别人学习，容易提高自身的能力并迈向成功。

他人的经验是其经过实践验证的有效方法，属于能力的范畴。学习他人的长处是我们提高能力的有效途径。

学习他人的长处首先需要摒弃与别人争、与别人斗的思想。我们应当明确：与别人斗，别人就会成为你的敌人；与别人争，别人就会成为你的对手；向别人学习，别人就会成为你的伙伴；关爱帮助别人，别人就会成为你的朋友。

我们要调整心态，善于发现别人的长处，尊重、学习、关爱别人，这样学习才有价值，工作才有方向，生活才有意义。

三、反省

反省是一个不断挖掘自身潜力的过程。反省是自我修炼、加强个人修养的基本方法。通过内心的不断省悟，可以去伪存真，逐渐提高自身素质，塑造良好人格。

反省是学习、创新的前提。只有不断反省，认识到自己的不足，人们才会主动学习他人的优点和长处，改正自己的缺点和不足，不断挖掘潜能，提升能力，促使自己成长进步；反省还是创新的前提，世界在飞速变化，事业发展日新月异，只有不断反省才能紧跟事物变化，不断探索创新，力争把工作做到尽善尽美，取得一个又一个成功。

反省要以爱心为基础。以爱心为基础的反省会使人平静、向善，做事首先考虑对他人、对社会是否有益，能否给他人带来价值和益处。如此才会赢得更好的合作，得到更多的帮助和尊重，个人和事业也才容易成功。

读书可以增加知识，向他人学习可以提高能力，反思自己可以挖掘潜力。我们要认识到这三种通路的重要性，通过学习与实干来提高自己的能力与价值，以得到更广泛的认可，赢得更大的发展空间。

做人的正确思维方式

一、能力与团队是生存发展的基础

人行于世，必须有所依托。俗话说："靠山山会倒，靠人人会跑。”只有真正锻炼、巩固自己的一技之长，才能行遍天下都可以生存。

身体、天赋等不以我们的意志为转移，但这却是我们生存、提升的基础。我们首先要认识自身的天赋与特长，因势利导，最大限度地利用天生禀赋。

能力是可以通过后天努力提高的。提高能力，需要扎实肯干，不断总结经验，提高发现问题、解决问题的能力；需要不断学习，有针对性地增加专业知识储备，不断向标杆靠拢；需要持续反省，深刻认识自身的不足，不断挖掘自身潜力，走上能力提升的快车道。

小事靠个人，大事靠团队。提高能力并不是为了让自己变成强人，更重要的是组建团队。在团队中，大家优势互补、团结协作，不仅能共同将事业做好，还可以为个人提供更广阔的价值实现空间。

二、热情与努力是走向成功的催化剂

热情一般受个人兴趣或专业、专长的驱动，往往是我们选择立身之本的最初动力。对年轻人而言，热情更是取得突出业绩的强大推力。

持续的热情需要将其转化为努力。努力是可以持续的，努力的效用是永恒的。我们要干一行、爱一行、专一行、精一行，坚守专业领域，耐得住寂寞，全身心地将工作干好、干精。唯有如此，才可为自身发展拓展更广阔的空间。

三、爱心与正向是美好人生的保障

要取得良好的工作业绩、获得美好的人生，需要奠定爱心基础，坚持正向原则。若爱心与正向缺失，能力越强、热情越高，结果反而会与预期越远。

奠定爱心基础。人没有爱如同生物没有阳光和水，就会很快失去生机。心中有爱才会改变自己，为他人着想，为别人带来益处；才会学习别人的长处，改变自己的不足；才会心怀感恩，凡事往好处想、往好处做，自然就会有好的结果。

坚持正向原则。正向是仁爱、喜乐、和平、忍耐、恩慈、良善、信实、温柔、节制等美德的聚合。正向让人乐观向上、积极主动、做事简单，得到他人认可；它使人学会换位思考，在给别人带来益处的同时实现自身的价值；它使人以美好的眼光欣赏别人，相互合作，彼此尊重，构建和谐的人际关系。

若我们能保持爱心与正向，付出不亚于任何人的努力，把自己所持的能力最大限度地发挥出来，必定能取得出色的工作业绩，获得美满的人生。

有形财富与无形财富

人的生命历程是有形、无形两种财富不断提升的过程。知识、能力、资本谓之有形财富，健康、友谊、心态谓之无形财富。

有形即看得见、摸得着，是能够让人实实在在感受到的，知识、能力、资本就是如此，它们是相辅相成、相互递进的关系。人类文明的发展在于对知识的不断追求，社会进步、知识爆炸使许多曾经是神话的东西变成了现实。在这个日新月异的时代，唯有不断学习借鉴，才能与时俱进。因此，我们要把书本和他人当老师，不断在实践中发现问题、解决问题。这样，我们的能力就会增强，否则就会滋生抱怨、叹息，直至被淘汰。

能力提升是学习、实干和反思的结果。在市场越分越细的当下，作为企业经营管理者，学习的方向就是努力掌握一技之长，把自己变成专业人员，并越做越精。说假话、空话，做表面文章是企业的大忌，唯有俯下身子实干，才能带动员工，把事情做得更好。只有不断总结才能不断提高，时常反思自省就是总结经验教训，让好的方面发扬光大，让不足之处得以改正。如此，方能使自己的能力不断得到提升。

资本是知识、能力的外在表现。我们常说，赚钱靠机会。知识、能力就如同风筝的双翼，只要有风，机会这只风筝就会伺机而动，展翅高飞。但是，财富也是一把双刃剑，一味地追求财富就可能成为金钱的奴隶。我们要时常提醒自己，财富生不带来死不带去，“纵有万顷良田，只需一日三餐；家有高楼万丈，不过夜眠八尺”。我们永远不要做金钱的俘虏，而要追求事业的永恒。

无形财富虽然看不见、摸不着，却又是实实在在存在的，健康、友谊、心态就是如此。健康的身体是根本，若把财富、感情、友谊等比喻为一个又一个“0”，健康的身体则为“1”。如果“1”不复存在了，“0”再多终归是“0”。健康的身体除了时常锻炼之外，还应有一颗健康的心灵，健康的身体只有配上健康的心灵才真正有价值，一切进步和成就都始于健康的心灵。积极的心态会促进我们身心健康，延长寿命；消极的心态则会破坏人的身心健康，缩短其寿命。孤僻、易怒、固执、轻率、自卑、焦虑、嫉妒等异常心理是身心健康的大敌，爱心、快乐、热忱、慷慨、自信是身心健康的动力。因此，我们在强身健体的同时，还必须不断调整自己的心态，让自己的心态永远正向、积极、乐观、向上。当我们的身体健康、心态正向时，就会感到生活的美好，就会对事业倾注更多精力和热情。

友谊的基础是真诚和付出。实对实产生实，虚对虚产生虚。人是社会性动物，谁都不能离群索居，没有朋友就如同落单的孤雁，生命的质量就会大打折扣。友谊要想持久，除了真诚、付出外，还要有正向、阳光的心态，无论是风和日丽还是风霜雪雨，都能乐观面对。

追求人生价值的实现是每个人的期望，自身价值实现的过程同样是社会价值实现的过程，可以说，人生价值是社会价值与自身价值的统一，正是这种统一促使人类社会不断发展与进步。

年轻化才有未来

企业与人一样，都有一个生老病死的过程。但公司又与自然人不同，能够通过不断输血再造，一次次焕发青春并创造新的增长点。那么，企业究竟如何不断输血再造、如何顺利实现谷峰跨越、如何保持基业长青呢？我认为，保持年轻化是其最关键因素。

一、企业发展的四个阶段

企业的成长发展一般会有四个阶段。

1. 赚钱阶段

企业刚成立的 3 ~ 5 年之间，生存是头等大事，抢挖“第一桶金”、发大财的美好愿望被放大为创业的动力、激情和干劲儿，每个人都激情澎湃、干劲儿十足。此时，赚钱被看作企业的第一要务，有的企业便急功近利，甚至不择手段。大浪淘沙，这类企业往往“其兴也勃焉，其亡也忽焉”。

2. 做事阶段

在经历了第一阶段的大淘汰之后，企业开始反思：怎样才能生存并持久发展？其实，做企业如同做人一样，人无信不立，企业没有美誉度同样不能存活。扎实做事是这一阶段的主要特点，而结果将最终体现在优质而稳定的产品质量和服务上。

3. 人才阶段

人才阶段的特点是企业重视人才，开始建立良好的用人机制，为人才搭建成长与发挥聪明才智的平台，激励人才发挥专长、协同增效。同时，人才是创新的源泉，而创新又是企业持续发展的不竭动力，人才的重要性此时显得尤为突出。

4. 实现价值阶段

实现价值阶段是企业发展的最高阶段。所谓实现价值就是给他人、给社会带来益处。这是我们倡导的处世方式，也是我们的生存方式。只有源源不断地为社会带来益处，企业才能持续不断地发展，企业为社会创造了价值，社会又反过来支持企业，二者相辅相成，共同发展。

反观亚太中慧，我们现在处于哪个阶段呢？或许我们可以定位在“做事阶段”与“人才阶段”之间：既需要夯实精益求精的工作作风，又亟须推动人才战略实施。

二、人才是企业发展第一财富

1. 人才是企业发展三要素之首

对企业的生存发展而言，人才、市场、资本是最基础的三个要素，但三者对促进企业发展的权重却并不相同，人才是企业生存的根本，人才队伍的水平决定了企业发展空间的大小。因此，有什么样的人才就会有什么样的企业。人才就像企业的DNA，是特定企业的文化密码。

2. 人才储备要培养与引进并重

人才从哪里来？一是培养，二是引进。

人才不是天生的，知识与能力要经过后天的学习和积累。企业要提供多种机会，请进来教，送出去学，让员工学到知识；要采取轮岗、后备人才储备等培养手段，让人才得到历练和提升。各级主管要做好传帮带，让优秀人才脱颖而出，成为接班者，以推动人才梯队的形成和发展。

企业流进了新鲜血液，就容易在企业内部形成学习创新的氛围，形成后浪推前浪的局面，企业会在这种“推波助澜”中获得持续发展的动力。引进人才不能只看学历，更要注重能力，要看长处不看短处，不拘一格，唯才是举；引进人才要多渠道、全方位，不要局限于一地一域一行业，真正把有能力的人才吸引到企业中来。

尤为重要的是，人才培养和引进成熟后要大胆启用，让人才真正有用武之地。要善待人才，关心他们的工作和生活，让人才留得下、干得好，实现“最佳年龄、最佳发挥、最佳价值、最佳薪酬”的匹配，让人才与企业共同成长。

三、年轻化是人才战略实施的关键

企业年轻化是一个系统工程，人才的年轻化才是其根本。年轻人代表着新生力量，充满着激情和活力，他们没有过多的历史包袱，没有思维的限制，善于学习，容易改变。我们要大胆培养、启用年轻人，尤其是学历高、能力强、潜力大的年轻人，将企业做成一个富有活力的公司。

首先，推进年轻化并非要割裂“老人”与“新人”的关系，而是要实现“新生力量”与“识途老马”的和谐共生：“让能干的年轻人在一线出力实干，让前辈在幕后出谋划策，进而让流汗的年轻人得奖励，让出点子的前辈得股利”。

其次，如何处理与年轻化相伴而生的各种问题也反映我们的经营管理水平。如果我们以创新思维去面对，不但问题解决了，能力提高了，思路清晰了，整个团队也会生机勃勃，也才能在各个环节上建立起创新机制。一旦进入保守状态，在面对年轻人的缺点时我们就会以点概面，甚至“棍打一大片”“一棍子打死”，企业就会变得“经络不通”，员工的潜能得不到发挥，企业的人力资源成本就会上升。因此，我们必须开放思维、开放胸怀，为年轻人崭露头角、勇立潮头保驾护航。

我们希望我们的事业基业长青，希望企业成为“百年老店”，但我们又不希望企业成为墨守成规、因循守旧的“老古董”，更何况“老古董”根本没有成为“百年老店”的可能。要成为“百年老店”，我们就得坚定不移地推进年轻化，抓住人才主线，让鲜活的面孔、炽热的激情催发事业蒸蒸日上的强劲势头！

企业发展“新四化”

实现跨越式发展，公司经营管理要遵循四个原则：私有化、年轻化、专业化、亲情化。

一、私有化：决定企业活力

1. 自负盈亏，深入激活个体

工作是为自己干的，人生是为自己活的，亚太中慧现有的规模养殖农场便是一例。私有化是对个体活力最大的激发。让更多人享受股利分红的机会，是推进私有化的一种方式。

2. 创业孵化，扶上马送一程

“公司不是员工的家，更不是员工的最终归宿。”这是一个貌似冷酷，却饱含真情的大实话。提早为员工考虑出路，帮其创业，是企业履行社会责任的表现，更是企业对员工关爱的浓情厚义。

3. 合作发展，共建双赢生态

亚太中慧这十年之所以能实现快速发展，其精髓之一就是合作。我们务必要“开放开放再开放，合作合作再合作”。唯有合作，才能凝聚更多力量，构建更宽广平台，实现更快速成长。

二、年轻化：决定企业未来

1. 人才是企业的第一财富

人才、市场、资本是企业发展最重要的三要素，而人才又是重中之重。人才不仅决定了企业的今天，还决定了企业的明天；人才不仅决定了企业能否立足，还决定了企业能否长久。

那么，什么样的人才称得上人才呢？

其一，“人尽其才，适才适所。”企业能够生存发展，源自不同专业人才智慧的碰撞。只要具备合乎需求的知识结构、智力结构、能力结构等因素的人都是人才。因此，让合适的人找到合适的岗位，才会人尽其才。

其二，“德才兼备，德位相配。”我们常说产品如人品，人品第一。我们农牧食品行业就是一个良心产业，“德”是关键因素之一，“忠、义、仁、信、孝、慈、恭、谦、廉”等美好品德都是我们选人用人的重要标准。因此，我们奉行：德才兼备的人，重用；有德无才的人，少用；有才无德的人，不用。

其三，“融入团队，专长发挥。”小事靠个人能力，事业靠团队协作。在市场经济浪潮中，散兵游勇是不可能形成气候的。个人只有融入团队，并以不可替代的专业技术实力站稳脚跟，成为团队“木桶”中的“长板”，为团队带来价值提升，才能实现人才价值。

其四，“最小单元，自动自发。”也就是上述“私有化”概念。打造团队、公司的开放平台后，只有让每个人都成为“自负盈亏的最小经营单元”，有干劲才能进一步激发，潜力大才能进一步发挥。

2. 年轻化是人才战略重点

其一，人才年轻化，得企业文化培训先行。年轻人有很多优点，具有很强的可塑性，我们要不断进行爱心培训，把“爱心、正面、创新、双赢”落到实处，在年轻人心中播下“爱的种子”，让年轻人学会“爱心对待自己，爱心对待工作，爱心对待家人，爱心对待他人”。在企业文化培训之外，各级主管要以身作则，争当领路人，这关系到整个爱心文化氛围营造的有效性，关乎人才年轻化方向的确定性。

其二，人才年轻化，需要组织机制保障。年轻人的特点决定了企业的组织管理、绩效激励等都需要进行相应的创新。首先，要给予他们成长的空间，不能以“管控”的老思路挟制他们，而要给他们合理的自由，注重他们的兴趣点，让他们看到上升空间与预期成就。其次，要给他们自己决定的权利，让他们以新一代人的风格，运用自己的智慧和创意达到成功的彼岸。再次，要适时进行必要的指导，在与他们保持紧密互动的同时，要及时反馈、及时肯定。

其三，人才年轻化，要用善意包容护航。公司推进年轻化并非要割裂“老人”与“新人”的关系，而是要实现“新生力量”与“识途老马”的和谐共生。

三、专业化：决定企业高度

1. 人才层次决定企业高度

有什么样的人才就会有什么样的企业。人才就像是企业的 DNA，是企业成其为企业的密码。亚太中慧的革新求变，实质上是人才价值发挥模式的改变。眼下及未来，专业人才的储备和成长情况决定了亚太中慧能否再创辉煌。

2. 专业价值发挥需要系统保障

尤为重要的是，专业人才引进和培养成熟后要大胆启用，让人才真正有用武之地；要善待人才，关心他们的工作和生活，让人才留得下、干得好。要在薪酬体系、绩效机制、职业通道、文化氛围等方面下功夫，实现“最佳年龄、最佳发挥、最佳价值、最佳薪酬”的匹配，让人才与企业共同成长、和谐进步。

另外，还要完善人性化的退出或转业创业机制，包括上述创业孵化帮扶，让专业人才在企业平台上能够专心工作、顺心成长、安心转业。

3. 优胜劣汰营造干事氛围

我们常说："一个人经过两次淘汰，才能变成一个好人。"优胜劣汰是市场经济的铁律，只有经过磨砺筛选的人，才是堪当大任的人才。

在亚太中慧的文化体系中，我们强调经营管理、为人处世都必须以"爱心"为基础，但我们讲爱心，是要营造适合大多数人成长的良好空间，不是"不讲原则"的"泛爱"，更不是歪曲"爱心"去纵容姑息。明确这一价值导向之后，对专业人才的优胜劣汰就顺理成章，而且各级主管的主要工作职责也更加明确：一是带头营造认真干事的氛围；二是对人才优胜劣汰。

四、亲情化：决定企业厚度

1. 爱心，永远是亚太中慧的标识

亚太中慧不是唯利是图的公司，我们不仅要为社会奉献质优价廉的产品，还要塑造有爱心、有能力的合格的社会公民，这是我们永远不变的使命。

各路人才加盟亚太中慧，是对企业产业理想的成全，公司要善待员工、关爱员工。比如：公司管理人员层面，我们提倡亲属近距离工作，促其相互关照、相互支持；公司产业工人层面，提倡亲属同地工作，促其相互督促、相互鼓励。如此，家庭团圆才有可能，和睦幸福才有基础。可见，我们讲的"爱心"并不复杂，都是关乎人性的细节，而且关键是行动、落实。

2. 阳光，永远是亚太中慧的底色

公司是一个平台，其存在意义就是为人才价值发挥提供机会。举

贤不避亲，我们评价人才的标准是“价值”，而不是“关系”。戴有色眼镜对人另眼相看，甚至“势利眼”，本身就是陷入了“关系”的无底深渊。

我们常说：“扬善抑恶，不仅能激发新的善，还会影响和感化自身的恶。”面对亲情化可能带来的问题，我们倡导阳光正向：讲爱心，还讲原则；论能力，还论价值；看当下，还看长远。

第五章

合作：持久的法宝

提要

张唐之先生说："合作是人世间非常美好的事情：合作可以交流感情、增进友谊；合作可以互相学习、取长补短；合作可以提升能力、创造机会；合作可以拓展事业、促进共赢，合作是市场经济的必然要求。"

合作本质上是一种优势互补。张唐之先生的思想，其实也是一种中国文化与西方文化的优势互补。

他认为，随着市场经济的进一步深化，合作不仅是企业发展的内在要求，也是市场经济发展的必然要求。他希望企业家"认清企业属性，合作实现双赢"。他还特别强调，企业必须"私有私有再私有，合作合作再合作"。

他认为，合作是市场细分化的必然趋势，市场经济的高速发展使市场越分越细。

他指出，合作首先要树立正确的财富观：企业是社会的，企业家只有使用权，但搞好企业、为社会创造价值的责任却是自己的。

他说，由于长期受封建思想的影响，我们缺乏大工业生产的合作性，缺乏合作意识，没有合作就没有爱。小爱是自私的，大爱则是无私的。

为合作伙伴创造价值是合作的基础，唯有实现共赢，企业才能在行业里谋得一席之地。在越来越开放的社会环境中，合作是发展的大趋势，也是优势互补、壮大力量、创造新生机的唯一途径。只有真诚、平等和共赢才能促成合作，只有以合作伙伴的利益为先才能取得对方的信任和支持。

合作是人世间非常美好的事情

合作是人世间非常美好的事情：合作可以交流感情、增进友谊，合作可以互相学习、取长补短，合作可以提升能力、创造机会，合作可以拓展事业、促进共赢，合作是市场经济的必然要求。

随着市场的进一步开放，全球经济一体化的格局正在逐步形成，世界正在变成一个地球村。加强国内企业之间乃至与世界各国企业之间的合作，不仅是企业发展的内在要求，也是市场经济发展的必然结果。

一体化不是一统天下，一体化就是更大范围的合作：生产、流通、技术、资本、规则等。合作是开放的、理性的、全方位、多样化的，不是为了谁吃掉谁，而是一起做得更强更大。

合作是市场细分化的必然趋势，市场经济的高速发展使市场越分越细，那种“大而全”或“小而全”的企业已难以适应新的形势。企业未来发展必将越来越专业化，企业之间的合作已成为必然趋势。

合作是一种心态。我们首先要树立正确的财富观：企业创造的财富是社会的，我们只有使用权，但搞好企业、为社会创造价值的责任却是自己的。

由于长期受封建思想的影响，我们缺乏大工业生产的合作性，缺乏合作意识，没有合作就没有爱。小爱是自私的，大爱则是无私的。

缺乏合作意识是以自我为中心的体现。对待别人暂时的不合作，要用爱来影响、感化，一定要忍耐并等待机会，不要轻易放弃。

合作的六个前提，一是激情，二是能力，三是真诚，四是机会，五是平等，六是双赢。

合作要善待自己、善待他人。善待自己，就是要心态正向，珍惜现在，根除负面；善待他人，就是要尊重他人，向他人学习，帮助他人提升能力。

合作的六个前提

现在的社会是一个开放的社会，那种闭关自守、独善其身的年代早已过去。开放的社会有一个基本标志，就是合作意识普遍强化，人与人、企业与企业乃至国家与国家之间的合作，已成为不可阻挡的趋势。合作可以做到优势互补，合作可以共筑资源、信息平台，合作可以创造新的生机。

企业经理人是企业“内方外圆”的代表，特别是在所有权和经营权分离的情况下，职业经理人的基本素质决定着企业的前途。那么，职业经理人应该从哪些方面着手才能为企业创造合作机会、赢得发展契机呢？我认为，一般而言，需要六个前提。

一是激情。激情应该是一个职业经理人的精神状态和对事物认知程度的外在体现。凡是优秀的职业经理人，必然充满激情，一切都显得生机勃勃。激情来自心态的正向，热爱人生，具备责任感、创造力，做事全身心投入，这就是激情。

二是能力。合作的前提是人，强强联合首先是与有能力的人联合，而不是单纯的物与物、金钱与金钱的结合。能力来自不断学习，来自艰难的磨砺。有能力的人必然是学习能力强的人，也必然是谦虚而踏踏实实做事的人。艰难的磨砺就是遇到问题主动承担责任，积极寻求解决办法，解决问题的过程就是能力提升的过程。

三是真诚。真诚，真实、诚信是也。真诚是合作的前提。真诚来自简单化，这种正向心态是人生的宝贵财富，也是其人格魅力的源泉。真诚必然是公正的，也必然是透明的，这是大家彼此互信的基础。只有建立在这样一种基础之上的合作才是真实的，也才可能是长久的。

四是机会。市场需求是企业发展的机会，彼此需要是个人发展的机会。一个有激情的人、一个有活力的人、一个真诚的人，很容易与大家相聚在一起。这种相聚是融洽的、是坦诚的，融洽而坦诚地相聚为大家提供了交流的条件，彼此的信任与需求、共同的梦想和价值取向一交汇，机会便产生了。

五是平等。人的财富可以有多寡，股份可以有大小，职位可以有高低，但在人格上却是平等的。中国社会没经历过欧洲的启蒙运动，社会普遍存在等级意识和贫贱富贵的观念，严重阻碍了人与人之间的平等交往。在企业内部，大家一定要树立平等意识，只有每个人的人格得到同样的尊重，让平等意识得到发扬光大，企业的团队精神才能发挥出来。

六是双赢。双赢是合作双方的共同愿望。以上五个前提具备了，双赢就是必然结果。

认清企业属性　合作实现双赢

一、认清企业属性

1. 企业是社会的

企业经营好了是社会的，经营不好出了问题才是自己的。企业并非属于个人，它是一个平台，是某类专业人士发挥聪明才智、展现个人价值的场所。投资者、董事会、精英团队等在企业这个平台上各司其职、各负其责。

2. 企业以为社会创造价值为目标

企业不能把利润放在第一位，持续创造价值才是企业的追求，也是为明天赢得发展空间，唯利是图、不择手段追求利润的企业必定短命。

二、合作实现双赢

1. 竞争主体是自己

竞争的主体是自己而不是别人、同行，竞争是对内的，是自己与自己竞争，其目的是不断树立新标杆，强化活力，改变自己，挖掘潜力，提高能力。争的结果是一输一赢，斗的结果是两败俱伤。同行之间只有相互尊重、相互学习，形成和谐的行业发展空间，才能促进各企业优势互补，提高行业整体水平。

2. 坚持“外圆内方”的原则

对待他人、同行我们要热情，要发自内心地尊重，继而发现并学习其长处。同行之间只有相互尊重、相互学习，才能形成共同发展的和谐局面，企业才具有亲和力。亲和力是企业无形价值的重要组成部分，对内可以严格要求，看到自身不足，强化自律与自省，不断释放潜能，提高综合能力，自律、自省是企业高层的重要责任。

3. 影响力才是企业实力

企业通过发展成为大家学习的标杆，赢得了消费者的信赖与社会的尊重，而非大家竞争的“众矢之的”，这样的企业就是有影响力的企业，也才是真正有实力的企业。有影响力的企业不但容易达成同行间的合作，更能实现与客户、消费者的合作。微利时代已经成为过去，服务成为行业发展的主旋律。与客户合作，推动“大户联盟”是我们进一步发展的出路。帮助客户将事业做强做大，客户发展了才能确保企业生存与发展。

年轻化　创新　合作

2015 年是行业发展的关键一年，宏观经济、政策环境、行情波动、消费需求等众多现实因素给我们带来了新的挑战与机遇。回顾亚太中慧、山东六和的发展历程，几十年已经过去，众多同事及行业从业者也在聚散离合中逐渐变老。无论是企业还是个人，时间都是最无情的，也是最公平的，宝贵的黄金年代往往是短暂的。因此要实现个人和公司事业的持续成长，我们要用“年轻活力、持续创新、热情合作、双赢发展”四个关键词来引领方向、夯实基础、推动进步。

一、年轻化就是未来

对一个人而言，富有激情、极具创造力的时间并不长。随着年龄的增长，人的惰性开始显现，墨守成规甚至刚愎自用的现象也多起来。这时，年龄大的人应该主动让贤，把冲锋陷阵的位子让给年轻人。

但一个年轻化导向的公司并非无情，更不是割裂“老人”与“新人”的关系，而是要实现“新生力量”与“识途老马”的和谐共生：让能干的年轻人在一线出力实干，让变老的老人在幕后出谋划策，进而让流汗的年轻人得奖励，让出点子的老人得“股”利。因此，“老人”要以良好的心态做好传帮带工作，将年轻人扶上马、送一程，让年轻人发挥他们的优势，让公司在年轻人的主导下永葆青春活力。

要做到公司的年轻化，我们至少要做到以下三点：

第一，人才年轻化。年轻人代表着新生力量，充满着激情和活力，他们没有过多的历史包袱，思维活跃，善于学习，容易改变。基于这些特点，年轻人在良好的企业文化熏陶下能更快地成长为企业栋梁。因此，我们要大量大胆启用年轻人，尤其是学历高、能力强、潜力大的年轻人，在老中青结合、人才梯队健全上下大功夫，最终把公司做成一个年轻化、富有活力的公司。

第二，思维年轻化。时代不断变化，人们随着年龄和阅历的增长，思维方式容易固化，有的甚至躺在昨天的功劳簿上不思进取、墨守成规、刚愎自用。我们必须时刻抱有创新的心态，时刻抱有破釜沉舟的勇气，经常审视是否在原料成本上还有空间，在客户服务上是否做到位了，在产品质量上是否还有瑕疵，在管理思维上是否还能进一步简单有效等。要打破固有思维，不断改变自己，在不断接纳新事物中紧跟时代步伐。

第三，培训年轻化。年轻人具有很强的可塑性，我们要不断地进行爱心培训，把“爱心、正面、创新、双赢”落到实处，在年轻人心中播下“爱的种子”，让年轻人逐渐学会“爱心对待自己，爱心对待工作，爱心对待家人，爱心对待他人”。此外，各级主管身体力行、以身作则也是关键，这关系到整个爱心文化氛围营造的实效性。

二、创新是生存的保障

创新是什么？把本职工作做得更好，让别人更满意，就是创新。物竞天择、优胜劣汰，创新意味着生存，只有活下来才有发展。对我们而言，创新的核心要义之一就是“速度”。只有快速把脉行情变化、迅速调整策略方法、不打折扣地执行战略，才能谈得上创新。

“拖字诀”是创新的第一天敌，“功劳簿”是创新的最大阻碍。在创业之初，人们往往不过多考虑问题、障碍、困难，而是一切往前看，在摸索中前行，每跨越一个沟坎，能力和境界就上升一个档次。眼下的问题与困难，都是暂时的，正所谓“危机就是机遇，问题也是台阶”。

第一，不断学习是创新的重要途径。学习有三种途径：一是读书学习，注重掌握学习方法，活学活用，将知识转化为能力，体现知识的价值；二是向标杆学习，将别人经过无数次实践验证的有效方法，直接拿来运用到工作中，可以有效提高工作能力；三是反思自己，挖掘自身潜力，去伪存真，逐渐提高自我素养。

第二，富有爱心是创新的内在动力。敢于打破常规，勇于否定自我，乐于从过往的成败中吸取养分，这需要良好的心态，这种阳光心态源自人的爱心。将工作做得精益求精，让别人更满意；将产品和服务做得更到位，提升客户价值等，都是富有爱心的体现。

第三，价值平台是创新的外在保障。公司是社会的，是专业人才聪明才智发挥和价值实现的平台。为优秀年轻人提供实现自我价值的平台是我们的责任，我们要坚守“人才是公司第一大财富、优胜劣汰、以薪换心”三大人才理念，鼓励创新，在不计较“为人作嫁衣裳”的同时，保证企业拥有足够的人才储备，以实现人才与企业的双赢。

第四，迅速行动是创新的催化剂。机遇往往是转瞬即逝的，面对客观环境的变化，“动嘴皮子唱高调，不如卷起袖子弯下腰”，唯有迅速行动，在实践中摸索，才能找到新路。同时，创新需要团队合作。一个人一个小点子，一个团队就凝聚成一项大变革。齐心协力、同舟共济，同时允许试错、鼓励探索，创新才能体现出更大价值。

三、合作是世界新常态

当今世界是合作的时代，是大市场、大融合的时代。亚太中慧这十年之所以能实现快速发展，最主要的原因就是重视合作。我们提倡的合作是多层次全方位的。从根本上来说，合作是人的合作，其次才是资金、技术、物流等要素的合作。尤其是世界一体化加剧的环境中，我们务必要“开放开放再开放；合作合作再合作”。唯有合作，才能凝聚更多力量，构建更宽广平台，实现更快速成长。

合作，不仅仅是要“把优势拉进来”，还意味着“把短板分裂出去”。比如，审计、工程、财务及人力资源等部门若能实现第三方化，不仅能降低公司成本，还能提高相关服务水平，达到公司内部创业与业务效率提升的效果。这种第三方化的推动，也必须提上公司全面深度合作的日程。

与人交往的三个层次

人生在世，谁都不可能离群索居。社会众生形形色色，要形成良好的人际关系，首先要学会尊重他人，尊重是一切沟通与交往的开端。

尊重他人，首先要包容与关爱他人。我们每个人都有缺点和优点，这也是我们独立人格的独特表现。我们应当明确，每个人的不足与缺点都是其个人特点，属于个人所有，我们不应“看不顺眼”，甚至企图改变他人，更多的时候我们只能包容、理解和适应。对他人的不足与困难，我们要充分体谅、关爱，为其创造条件，帮其不断进步。如此，我们才有可能换来他人的尊重，“你敬我一尺，我敬你一丈”，将相互之间的关系引向良性互动。

尊重他人才能看到别人的长处。俗话说：“天外有天，人外有人。”与人相处时如果善于发现对方长处，不仅会拉近彼此的距离，营造和谐的交往氛围，还可以不断树立标杆，在学习与实干中增长才干、提升能力。

与人交往，还要注重向他人学习。首先，善于向他人学习的人都是善于自我反省的人。我们稍稍留意就会发现，但凡成功人士都有自我反省的习惯，明辨自身不足，保持谦卑姿态，不高傲、不张狂、不自夸，最终获得了大家的认可与喜爱，在学习与改变中挖掘了自身潜力、提升了个人价值。其次，善于向他人学习的人不止于独善其身、自己做事优秀，还会不遗余力地帮助别人提升改进。我们唯一的竞争对手是自己，学习并非为了赶超，更不是为了竞争。向他人学习是相互交流、互助提高的途径，也是彼此欣赏、合作发展的前奏。

合作是将事业做好的唯一途径，也是实现个人价值最大化的有力保障。小事靠个人，事业靠团队。任何人都有长处与短处，只有组建起优势互补的团队，才能把事业做起来；只有互相合作，汇集大家智慧、凝聚团队力量，才能把事业做好。“独木难成林”，只有实现了共同发展，个人能力才有发挥的平台，个人价值才有体现与提升的空间。

尊重是建立良好人际关系的开端，学习是提高能力的有效途径，合作是实现价值最大化的保障。

发展循环经济是我们唯一的出路

环境问题是中国21世纪面临的最严峻挑战之一，深刻的教训迫使我们领悟到：敬畏大自然，发展循环经济才是我们的唯一出路。

一、社会价值是企业属性之要义

企业并非属于个人所有，它是一个平台，为各类专业人士提供发挥聪明才智、展现个人价值的空间。从根本上说，企业经营好了是社会的，经营出了问题才是股东的；企业需要面对的首要问题是生存而不是利润。只有能够持续为社会创造价值的企业才能生存发展，不择手段地追求利润只会使企业走向毁灭。

二、循环经济是农牧食品行业的唯一出路

循环经济是要把传统依赖资源消耗的经济增长转变为依靠生态型资源循环来发展的经济。循环经济强调社会经济系统与自然生态系统的和谐共生，要求人文文化、制度创新、科技创新、结构调整等社会发展的整体协调。对此，我们已有如下探索。

1. 养殖与种植结合

亚太中慧依托自有的种禽、饲料、生物、食品等产业链优势，大力发展规模健康养殖，目前已建成年出栏 100 万只肉鸡的现代化标准养殖场 130 多座，年出栏肉鸡近亿只，每年产生鸡粪约 30 万吨。基于此，企业计划在每个鸡场周边新征种植用地 200 亩，将每个鸡场的鸡粪就地发酵用于蔬菜、花卉和绿化苗木的生产，这样不仅可以杜绝鸡粪运输带来的疾病传播隐患，还能发挥有机肥特性，改善土壤板结等问题，实现对土地资源的有效利用与持续养护。

在种植过程中，要充分发挥专业人才的技术优势，使用国际一流的种苗繁育及灌溉等手段，尽量采用大田种植，充分利用粘虫板、捕蛾灯等物理虫害防治措施，坚决不用农药，全程使用微生态，实现畜牧业和种植业的环保、绿色、生态循环发展，为消费者提供绿色、安全的食品。

2. 种植与加工结合

每个养殖场的种植项目都有配套的蔬菜加工车间，对蔬菜进行初步加工，为消费者提供干净、方便的净菜，并对其他有利用价值的蔬菜部分进行处理，加工成蔬菜泥，既能充分利用蔬菜的营养价值，又可避免环境污染。

3. 聚落式集约发展

聚落式发展模式，即“1个饲料厂+1个食品厂+30至50个生态循环产业示范园+若干团膳及餐饮终端店”，配套形成完整的生态循环农业聚落，实现密集发展，创造最大的生态效益。

上述探索有利于构建高效、持续、良性的循环经济发展模式，推进农牧食品行业生产方式转变，促进专业人士回归、农民增收、社会就业，并能满足消费者对质优价廉食品的需求，社会价值巨大。

市场经营三原则

企业不要盲目追求做大做强，做大了容易变“松”，做强了容易变“乱”。我们应该首先将市场做实，在做实的基础上进行细分，再在细分的基础上做好。只有将企业做好了，企业才能实现规模与影响力的提升，实现可持续的发展。

1. 做实，就是提高产品力和服务力

做实，首先要求我们必须养成认真做事的习惯，认真做事是市场经济环境下的生存法则。玩新概念、造新名词、吹嘘忽悠，或许暂时能博得一些眼球，但没有深扎根、厚蓄力的行为，注定要被市场所抛弃。认真做事就是摒弃浮躁，真正把产品品质做到极致，花心思为客户创造更大的价值。

专注产品力和服务力的提升，要以客户需求为导向，并以客户思维来改进工作方法以及评价体系。

2. 做细，就是专业化细分工

企业发展初期是企业找市场，企业发展趋向成熟时市场自然会需要企业。在不同发展阶段，企业应该有不同的定位和经营策略，但有一个基本点不能变：要始终围绕客户需求提升自身能力，以满足客户需求为经营核心。

市场经营不能“雨露均沾”。“水过地皮湿”式的经营就是“什么都干，什么都干不好”。在具备产品和服务优势的基础上，我们要进行市场细分，我们宁要“小而精”，不要“大而全”。此时，每个人或团队都是以最精尖的专业优势立足，以专业线路小组聚焦细分市场，以破解“船大难掉头”的困局，从而更加灵活高效地面对市场变化，满足客户需求。这就亟待我们建立更专业、更高效的人才团队，公司平台要匹配相应资源，坚定不移地深钻细分市场。

3. 做好，就是帮别人省钱

赚钱的时代已经过去，省钱的时代已经到来。要想赢得客户信任，获得更大的发展空间，必须帮消费者省钱。在经营方面，要求我们必须首先从心态、观念、能力以及道德素养上加以改变、提升和完善。

抓住机遇　改变自己　加快发展

人们对健康食品的急切呼吁是中国市场经济发展的必然结果，也是农牧食品行业发展的重大机遇。我们要调整心态，改变自己，养成认真做事的习惯，以谋求更大的发展空间。

一、品质是基础，服务是方向

企业是人品与产品的组合，人品决定产品。企业只有立足于为消费者提供物美价廉的产品，始终坚持员工价值最大化、客户价值最大化的原则，才能源源不断地生产出好的产品并被社会认可。

微利时代已经过去，服务时代已经到来。好人是永存的，企业提高产品品质、降低成本的需求也是永恒的，因为这符合社会发展的基本规律。市场经济的发展宣告了微利时代的结束，只有持续增值的服务才能为客户创造更大的价值，也才能得到社会的认可。

二、爱心导向成功，正面促进发展

正面看人、全面看事。坚持正面，就是要凡事往好处想、往好处做，期待好的结果。

三、谨遵市场经济铁律，认真做事才能长久

“对产品质优价廉，对人优胜劣汰”。个人与企业要持续发展，必须严格遵循市场经济的这两条铁律。企业发展必须施行人才第一战略，个人发展必须养成认真做事的习惯。因此，我们要坚定不移地实行年轻化人才发展战略，为优秀的年轻人才提供发挥聪明才智的舞台。

我们每个人都应该想着多做事，只有多做事，才能提高自身能力、提升自身价值，人才能更值钱。

农牧食品行业的新变化

农业是中国现代化进程的最后领域，也是千载难逢的机遇。我们所从事的农牧食品行业有着光明的前景。同时我们要看到，行业已经悄然发生了变化。只有认清形势、明确目标、快速调整，才能实现企业与个人的持续发展。

一、关于人才

亚太中慧目前最大的成功是聚集了众多优秀人才，并在短时间内磨合过渡形成了优势互补的专业团队。

人力资源是企业发展的第一要素。为更进一步提升企业实力，我们的专业人员主要以博士为主，管理人员主要以 MBA 为主，形成更富有学习能力、创新能力的团队。

对个人而言，我们每个人的黄金职业发展期都不长，我们必须在有限的时间里最大限度地提高能力、展现价值，成为一个优秀的人、有价值的人、值钱的人。

对人才不要斤斤计较，优秀人士都有自己的个性，企业要尊重优秀人才的特性，为优秀人才充分发挥聪明才智提供平台。追求个人收入的增长是人才成长的原动力，爱心不能停留在口头上，要提高员工收入、关心员工生活，用具体措施将爱心文化践行下去。优秀人才、收入高的人才没有一个是吃闲饭的，他们都能为企业创造比工资更高的价值。

二、两权分立

企业在以往的发展中遇到了一些问题，发现问题是我们的责任，解决问题是我们能力的展现。企业高层一套班子既管战略又搞经营，给企业发展造成了一些障碍。因此，企业也要实现两权分立，成立战略发展委员会与经营管理委员会，董事长以战略发展为主，总裁以经营管理为主，各位总监要全力支持总裁的工作。

战略明晰，具体经营才会有序有效，我们要坚定不移地朝着种植、养殖、加工相结合的战略目标前进。

三、大户联盟

行业发展日新月异，微利时代已经过去，我们必须将重心放在服务上，以大户联盟的方式创新发展模式，创造企业持续发展的新支撑。

大户联盟的实施必然会导致众多中间环节的消失，相应地，销售等岗位的人员必须据此做出调整。人力资源部要与其他部门协作，明晰饲料厂的工作流程，尽快实现交易简单化、人员精干化，以适应这一调整。

四、企业发展

企业不能盲目追求做大、做强。我们应该首先将市场做实，再在做实的基础上进行市场细分，并在细分的基础上做好。只有将企业做好了，不断与好人、好企业合作，企业才能实现规模与影响力的提升。

同行之间不能竞争，要相互学习。争、斗的成本太高，而相互学习不但能减少成本，还能促进合作、共同发展，是双赢。

品德决定行为　行为造就结果

人品，就是人的素质和心态。品德决定行为，行为造就结果。对一个企业而言，能否保持持久的生命力，为社会提供物美价廉的好产品，就要看这个企业中的人是否具有良好的人品。

埃及的手工艺品很有民族特色，在市场上很受欢迎，一些美国人就把这种产品“移植”到了美国并进行了工艺改良，进行机械化生产，但做出的产品就是缺少了那种韵味，美国人百思不得其解。英国人对这一现象进行研究后得出了一个结论：埃及人是用“心”在做产品，他们把对本民族文化的热爱做进了产品，这样的产品仅仅靠模仿肯定是不行的。

员工心态的好坏与企业文化密不可分。有的企业在经营战略和发展定位上追求在短时间内获取最大利润，这样的思想极易在团队中形成急功近利的氛围，进而影响到每个员工的心态和思维，使他们渐渐变得以自我为中心，从而失去最基本的责任心。可以说，没有好心态就没有好人品，没有好人品就难有好产品。

企业是人品与产品的组合，人品决定产品。因此，企业要坚定不移地把人放在第一位。中华民族是讲感情的民族，讲感情的民族最适合人性化管理。作为企业管理者首要任务就是要关心员工、爱护员工，尊重每个员工的人格。只有对员工好，他们才愿意干并把工作干好。自觉自愿的工作态度与被动应付的工作态度所导致的结果截然不同。我们还要千方百计地提高员工的能力和收入，努力调动他们的积极性和创造性，为他们的发展搭建广阔的平台。实际上，员工成长的过程就是企业发展的过程，企业发展本质上是人的发展。

对于企业的每个成员而言，大家都要调整心态，不断修炼自己的品行。一方面，要真诚地对待别人，积极地对待工作，凡是往好处想、往好处做，相信只要倾尽全力，一定会有回报；另一方面，要时时提高自己的能力，能力提高了，才能为社会做出更大的贡献。

对于企业而言，要立足于行业和社会的和谐发展，立足于为人类提供物美价廉的产品，对内要致力于提高员工的素养和能力，对外要诚恳地面对合作伙伴和终端客户，只要始终坚持员工价值最大化和客户价值最大化的原则，企业就能够源源不断地生产出好的产品并被社会所认可。

一个人生来就是要负责任的。只要满怀责任心，用爱的心态去面对身边的一切，就会给社会带来好的、积极的东西，从而实现自身价值。

素养决定发展空间　人品决定产品品质

一、个人素养决定发展空间

人要立足社会，首先要认真做事。无数成功人士的案例表明，成功是踏踏实实干出来的，不是空想、空谈出来的。只有多做事才能提高自身能力、提升自身价值。同时，我们要明确，所有工作都是为自己干的，并非为公司干的，更不是干给上司看的。只有养成认真做事的习惯，干一行、爱一行、专一行、精一行，才能为人生价值的实现提供支撑。

在日常工作中，我们要学会“正面看人，全面看事”——多看别人的长处，给别人带来益处；善于发现问题、解决问题，并在处理问题的过程中不断提高自身的能力。

二、人品决定产品品质

企业管理者的首要任务就是尊重员工、关心员工，只有对员工好，他们才愿意干并把工作干好，并生产出高品质的产品。团队的每个成员也要调整心态，不断修炼自己的品行。

好人是永存的，企业提高产品品质、降低成本的需求也是永恒的，因为这符合社会发展的基本规律。我们只有不断提高自身修养、增强企业实力，才能为个人价值的提高与企业的长足发展提供保障。

强化市场意识　拓展发展空间

眼下“互联网精神”正在影响着众多传统行业，成为推动社会变革的一股无形却强大的力量。究其本质，“互联网精神”就是“市场经济精神”：以客户为中心，多维度地满足客户需求，打破生产者与消费者之间的界限，互动式地推动各行业发展与客户满意度提升。自中国改革开放至今，市场经济的观念已逐步深入社会各个角落，市场已经成为行业发展的主导因素。市场经济是社会前进不可逆转的大趋势，唯有强化市场意识，主动思变，尽早调整，企业才能争取到生存发展的空间。

一、我们必须明确：市场是企业生存的土壤，只有接地气企业才能根深叶茂

有的人可能会疑惑：市场究竟在哪里？其实，市场不是空想，不是好高骛远，市场就在眼前。我们农牧食品行业的消费者就是周围的每个人，也包括我们自己。因此，我们用爱自己的心、知冷知暖的同理心去服务周围的人，帮助他们享有更好的生活，我们就找到了扎实、宽广的市场“蓝海”。

产品只有被消费者接受，得到市场检验与认可，才能体现其价值。因此，定位好了市场之后，我们要做的就是练好内功，为消费者

提供质优价廉的产品和服务，并不断深入把握消费者需求的变化，将市场做实、做细、做好。

在企业发展初期，往往是企业苦苦地寻求市场，能够立足之后往往就变成了市场需要企业，这根本上就是因为企业为消费者带来了益处、创造了价值，企业的根深深植入了市场深厚的土壤之中。

二、我们必须牢记：人才是企业的第一财富

市场经济的发展，首先是头脑的开放，有什么样的人才就有什么样的企业。第二次世界大战后，德国、日本为什么能在废墟上迅速崛起？因为人才；美国为什么能持续引领世界经济发展？因为人才；华为、阿里巴巴为什么能异军突起，逐步成长为世界级企业？还是因为人才。有了人才，企业动力充足，发展就会迅速；没有人才，企业的发展就会停滞不前，甚至破产倒闭。

引进人才不能只看学历，还要注重能力、人品；引进人才要多渠道、全方位，不要局限于一地一域一行业，要放眼国内外、行业内外，真正把有能力的人才吸引到企业中来。

除了善于引进人才和培养人才外，企业还要大胆任用人才，让人才真正有用武之地；要善待人才，关心他们的工作生活，使得人才能干得好、留得住。只有人才越聚越多，事业平台越做越大，企业才能繁荣昌盛。

三、我们要更加坚信：任何人都不是救世主，唯有真才实学才是真本事

在市场经济中，社会专业化分工越来越细致，个人只有练就一技

之长，才能走遍天下都有饭吃。同样，企业只有练好内功，形成过硬的产品和服务优势、搭建好优秀的人才团队，才会有持续发展的可能。

企业是一个开放的平台，是优秀人士智慧发挥、能力提升、素养提高的修道场。员工对企业而言，留下还是离开都是一种自然、合理的选择。大家在一起工作，是相互协作的同事；不在一起共事了，仍然是相互关心的朋友。对个人而言，这是天赋人权，企业不能强加干涉；对企业而言，这是缘聚缘散，要顺其自然，但也必须搭建起企业的人才梯队，不能因为任何人的离开而陷入混乱。市场经济不承认个人英雄，只有团队才能永葆基业长青。

市场经济是一双改变世界、重塑你我的无形巨手，我们不仅要努力看到这双手，还要紧紧地握住它，感知、借用它的无穷力量，踏踏实实将企业做好，成为市场需要的企业。

私有私有再私有　合作合作再合作

变，是个人与企业成长过程中需恒久面对的课题。亚太中慧发展至今，再次革新求变势在必行。在总体战略思路上，我们必须紧紧抓住“私有”与“合作”两条相辅相成的发展主线，进而丰富其内涵，以实现企业和员工活力的再次激发，以及事业平台的再次拓展。

一、私有，促进资源配置的优化升级

我们有必要再次重温一下企业的属性：企业是创造社会财富的重

要单元，但从本质上看，企业并不是某个人的，而应该是社会的。为社会创造就业机会、提供产品与服务，这是企业的最大价值。这种价值源于社会、归于社会。同时，只有亏钱时企业才是股东的，这是股东的责任与使命。因而，在企业里谈私有化，不过是让来自社会的各种资源进行优化配置，以期获得更佳效益，更好地为客户、员工、股东等社会各方创造价值。明白了这个道理，在企业里谈私有化就不再神秘。

1. 工作，就要为自己干

我们一直说，工作是为自己干的，人生是为自己活的。尤其是在市场经济日益发展的环境下，传统的企业经营管理模式弊端逐渐显露，企业效率与个人发展瓶颈日益突出。但是，市场经济不相信眼泪，只相信汗水。“吃大锅饭”“听指挥”“等指令”“磨洋工”的时代已经一去不复返了，只有为自己努力干、想方设法干好才能不被淘汰、谋得出头之日。

工作既然是为自己干的，就应该因此受益。在企业里，让更多人享受股权分红的机会，是推进私有化的一种方式。

2. 创业，再造职业生涯

我们一直说：“公司不是员工的家，更不是员工的最终归宿。”这种说法貌似冷酷，却是饱含真情的大实话。企业不是养老机构，也不是慈善机构，其生存发展有着难以抗拒的规律，吐故纳新、革新求变等都意味着人员的流动。

“内部创业孵化”实际上意在谋划实现老员工“老有所养”。提早为员工考虑出路，帮其创业，是企业履行社会责任的表现，更是企业对员工关爱的浓情厚谊。与此同时，内部创业孵化要实现的是公司产业链的延伸，以期实现事业平台的拓展。

进一步讲，我们要探索的“私有”是：把产业环节做活，把事业平台做大，把项目单元做细，把“打工仔”做成“小老板”。

二、合作，建立产业协同生态圈

古今中外众多成功企业的案例告诉我们，市场经济不会为孤家寡人提供太大的发展空间，合作是企业生存发展的必然渠道。

1. 合作必须双赢互利

大凡合作，包括资本、技术等方面的合作，其实质都是人与人的合作，根本上是要构建相互认可、相互信任、相互促进的利益共享机制。

2. 探索补偿贸易模式

对我们而言，合作可以分为内部合作与对外合作：内部合作主要指的是内部创业孵化——企业为员工提供平台服务、资金帮扶、市场支持等，员工则进一步帮助企业将事业平台做大，将企业品牌传远，二者互惠互利、相辅相成，可以实现“亲上加亲”；对外合作，我们可以探讨“补偿贸易”的合作模式。

通常意义上的“补偿贸易”属于国际贸易范畴，其突出特点是买卖双方直接进行“货物交换”，一般不发生货币流通，货币在这些贸易中仅仅只是计价手段。我们取其内涵要义，将“易货”作为实施关键，以此来建立更广泛而稳固的合作关系。

在我们限定的“补偿贸易”概念下，关键是要敢想、敢干，要突破现有各个业务板块的边界限制，从更宏观、更长远的产业链及社会发展角度审视合作内涵。

我们可以设想如下几种操作：

其一，构建产业联盟。农牧食品行业的产品涉及饲料原料、饲料产品、动保产品、禽畜种苗、禽畜商品、禽畜肉食甚至各类设备等，众多企业围绕这一产业形成上下游合作关系。探索建立产业联盟，推动上下游企业之间产品及服务的“易货式合作”，可以各扬所长、各取所需，实现不同种类产品的“联盟内流通”，不仅能够压缩部分流通环节，降低产业链整体运营成本，还可以深化更阳光持久的合作关系。

其二，推动跨界合作。在农牧食品及相关产业链条之外，推动与其他如服装、家电、汽车甚至物流、IT 等行业企业的合作，实现跨行业产品的“易货流通”，以建立各类产品的大宗化、精准化流通网络，从而提高社会商品的整体流通效率。

其三，促进管理输出。在财务、审计、人力资源、法务等专业管理服务第三方化语境下，将专业管理服务作为补偿贸易筹码折价，搭建一个实物产品与管理服务为纽带的合作平台，融合形成专业化程度更高、运营成本更低的事业集群。

此外，这种以“易货”为表现形式的深度合作模式，也需要建立富有公信力的易货平台，并结合日益先进的互联网应用技术，以确保信用资质、易货评估、交割结算等更便捷高效、公平公正。

三、私有与合作都需要努力探索

在企业里，大家分工不同，责任也有差异。

对广大员工，尤其是青年员工而言，要不断学习，以增强知识储备；要努力做事，以提高工作能力。要在做好本职工作的基础上，寻找更好的工作方法及个人职业发展通道。

对于高管而言，勇担责任、开拓创新是必不可少的职业素养，高管畏首畏尾，势必会导致企业发展势头锐减。

无论是推动私有还是深化合作，都没有固定模式，都需要努力探索。但是，我们也要深刻认识到，所谓商业模式并不神秘，只要我们坚守商业逻辑——爱心：为客户提供质优价廉的产品和服务，为员工创造更好的成长机会，为社会创造更多价值，商业模式自然会建立起来。换言之，我们就是要塑造一大批“有理想、有知识、有能力、有责任、有爱心的社会公民”，一起齐心协力、发挥专长，想方设法将事业平台建好搭牢，并以自己周边人、身边事为突破和契机，“带动一群、发展一片”，从而建成造福更多人的商业聚落。

美好未来需要每天都再做好一点

古人云：“不积跬步，无以至千里；不积小流，无以成江海。”成功，往往不会轰轰烈烈地陡然出世，反而是点滴积累、只争朝夕，在日复一日的坚守和改善中，成功的美好才渐渐浮现在眼前。无论企业还是个人，都需要每天比昨天再做好一点。只要每天都再做好一点，成功就会又近了一点。对企业和个人而言，我们必须在几个关键点上都再好一点。我认为，导向美好的人生也只有几点。

一、眼光再远一点

不要纠结于眼前得失，要坚定产业理想、心无旁骛。企业的成长一般会经过四个发展阶段：赚钱阶段、做事阶段、人才阶段、价值阶段。其中，处在赚钱阶段的企业，多数刚成立不久，谋求生存是其头等大事，赚钱被看作企业的第一要务，因此，对行情起伏、利润高低看得比较重，生怕一步棋下错导致全盘皆输。跨越此阶段的企业不仅积累了一定的人才、资本和市场基础，还通过前期的摸爬滚打理清了思路，明确了方向，因此，发展更为沉稳而有章法。此时正如稻盛和夫所说，“付出不亚于任何人的努力”和对产业理想的专注就成了制胜的决定性因素。

对我们而言，农牧食品行业本身就是一个日不落行业，具有广阔的前景；这个行业也是一个良心行业，是人生修行的道场，值得我们奋斗终生。同时，我们也应意识到，农牧食品行业的发展机会也是稍纵即逝的，我们面对的是大发展、大竞争、大淘汰的时代，“唉声叹气、怨天尤人者”只能无谓地慨叹“逝者如斯夫”，而此时我们唯有“抬头看准路，低头快奋蹄”，无惧深一脚、浅一脚，无惧荆棘坎坷，抢抓机遇，快速成长，才能把发展的主动权牢牢掌握在自己手中。

二、胸怀再大一点

不要期望用竞争立身，要真心学人所长、携手进步。目前，中国农牧食品行业仍处于探索上升期。现在，推动行业进步的力量不应是竞争，而应是学习。从某种意义上讲，竞争的本质是斗争，其代价和成本是巨大的，相互的攻防厮杀、吞并扩张，势必会耗费大量资源，使得本可以用来推动企业技术升级、管理增效、结构优化的智慧白白浪费在“斗心眼”上。因此，在恶性竞争下，不仅企业，甚至整个行业都有可能因此而错过提档升级的大好时机。

我们认为，与别人斗，别人就是你的敌人；与别人争，别人就是你的对手；向别人学习，别人就是你的伙伴；关爱帮助别人，别人就是你的朋友。因此，我们提倡“学习标杆，超越自我”，提倡将主要精力放在提高产品质量、提升服务水平上，同时倡导增强交流互通、促进资源共享，共建行业发展联盟。正所谓“大河有水小河满”，只有在“互相学习”的润滑下，行业同人齐心协力，才可能大幅降低企业运营成本，更好地满足消费者需求。

三、人才再多一点

不要缩减人力资源投入，要积累人才财富、储备后劲。“人才、市场、资本”是企业发展的三大要素，其中人才是企业的根本。有什么样的人才就能干什么样的事业，有什么层次的人才就能造就什么样的平台，有多少人才储备就能积蓄多大的发展后劲儿。正所谓“有人，就有财”。

人才从哪里来？一是培养。人才不是天生的，知识与能力要经过后天不断地学习与积累。企业要提供多种机会，请进来教、送出去学，让员工学到知识；要采取轮岗、后备人才储备等培养手段，让人才得到历练和提升；要做好传帮带，让优秀人才脱颖而出，推动人才梯队的上升发展。二是引进。企业注入了新鲜血液，就容易在企业内部形成学习创新的氛围，形成“后浪推前浪”的好局面，企业会在这种“推波助澜”中得到持续发展的动力。

在这一过程中，保持人才的年轻化尤为重要。年轻人代表着新生力量，充满着激情和活力，他们没有过多的历史包袱，思维活跃，善于学习，可塑性大。只有大胆广泛地培养、启用年轻人，尤其是学历高、能力强、潜力大的年轻人，创造机会让他们深度体验、全面感悟具体业务的运作，积累一线经验，与公司融为一体，才能保证企业富有活力，永葆青春。

四、管理再灵活一点

不要贪权重利，要侧重理顺关系、激发活力。在企业里，如果大家过分看重地位所带来的权力，四处“指点江山”，什么事都想管一管，追求当甩手掌柜的感觉，必然会导致权力滥用，逆反心理、拉帮结派、阿谀逢迎等现象便会因此盛行，公司发展活力必将自此衰减。

我认为，管理层必须时刻警醒，我们更加注重“理事”的责任，而非“管人”的权力。我们要通过“管理手段”，让“管事的人”越来越少，让“干事的人”越来越多。问题的另一方面是“管理手段”也往往会逐渐僵化，成为因循守旧、墨守成规的对象。因此，我们必须明确“管理是以解决问题为责任，以理顺关系为目的”，但这一过程并非静态的沉淀，而是活跃的新生——管理无常法，只要是有利于效率提升、有利于工作进步的都可以尝试，我们不要思维固化，更不要作茧自缚。企业如此，个人也如此。

五、工作再努力一点

主动走出“舒适区”，为自己找活干。工作是一个人的立身之本，也是一个人实现自身价值的重要途径，只有工作业绩能将智慧转化为价值。因此，工作首先不是为公司干的，更不是为领导干的，而是为自己干的。工作的努力程度决定人生价值的实现程度。

那么，如何成为一个有价值的人呢？首先要干一行、爱一行、专一行、精一行。面对工作，不能这山看着那山高，要聚焦专业、抗拒诱惑、踏实努力，成为专家，成为不可或缺的人；同时，要主动走出“舒适区”，要积极为自己找活干，“多干一分，多得一份”。努力工作除了给自己带来工资收入之外，更重要的是，还能提升自己的能力和得到大家的认可。

六、学习再刻苦一点

勇于追赶“新潮流”，让自己不落伍。“吾生也有涯，而知也无涯。”我们掌握的所有知识都是昨天的，而我们所面对的每一天又都是崭新的，如果不学习，怎么能不落伍？

学习有三种途径：一是读书，这需要注意学习方法、活学活用，通过将知识转化为能力，最终来体现知识的价值；二是学习标杆，将别人经过无数次实践验证的有效方法，直接拿来运用到工作中，来有效提高工作水平；三是反思，通过自我反省寻找不足，去伪存真，以内驱力来促进提高自我素养。如今信息爆炸、渠道多元，“经典”越来越少、“杂音”越来越多，面对这一局面，能止住滑向“懒散化和娱乐化”的脚步，让心静下来，不断提醒自己向经典靠拢、向真理靠近，假以时日，你必定能够从芸芸众生中脱颖而出。

七、心态再阳光一点

胸怀爱心，融入团队，让自己受欢迎。人生是一个不断去伪存真的修炼过程，面对自己的多面性，在好与坏、善与恶之间，我们要不断修正人生航向。面对现实中各种纠结牵绊，保持正面积极的心态尤为重要，而心中有爱则是其根本。

张唐之说

我们常说，爱是世界上最伟大的力量。爱可以恒久忍耐、改变缺点、宁静平和、感召他人。内心有爱，考虑问题、做事情首先想到的就会是别人；内心有爱，在正面情绪与负面情绪发生激烈碰撞时，正面情绪就能战胜负面情绪；内心有爱，为他人服务就是自觉自愿的，而不是被动强迫的。有爱心的人，为人处世必然简单、轻松。正如合作，越是简单，合作的生命力就越长久。

这样立世之人，一定是一个用放大镜看别人长处、用显微镜查找自身不足、用望远镜憧憬未来的人，这样的人不仅人缘好，更会为自己赢得广阔的发展空间。

第六章

观点荟萃

信仰与观念

1. 爱心与私心

★爱心是美德形成与建立的基础。做好企业首先要做好人，做好人首先要有爱心。要用爱心来对待工作、生活、他人、自己。私心是以自我为中心。私心会使人被大家所排斥，丧失很多发展机遇；损害团队凝聚力，阻碍个人、企业发展。

★负面是相互传染的，正面是相互影响的。要学会把痛苦留给自己，把欢乐留给别人。

★往好处想、往好处做就是正向状态。正向思维引导正向过程，正向过程产生正向结果。

★有爱心的企业家总是不断反思自己、改变自己，尊重别人、适应别人，用行动影响大家，为社会创造价值，给别人带来益处。

★以他人为中心，就会不断学习、借鉴别人的长处，克服自己的缺点，所以，富有爱心的企业都是学习创新型企业。

张唐之说

★做事简单、充满活力的企业最容易获得合作的机遇。

★爱心总是与成功、财富相伴。没有爱心的成功和没有爱心的财富只会是昙花一现。爱心让企业持久。

★人有爱心，做人、做事、做产品就会让人放心。

★用心思考问题，尽心做好事情，热心对待他人，爱心对待一切。

★爱心是美德形成与建立的基础。

★做好企业首先要做好人，做好人首先要有爱心。

★以爱心对待自己，才能不断醒悟自己、反思自己、提升自己。

★以爱心对待他人，才会尊重他人、向他人学习，才容易跟他人沟通与合作，相互取长补短，才能形成团队，共同把事情做好。

★合作的前提和基础是爱心。有爱心才能彼此尊重、相互学习、愉快合作、促进共赢。

★以爱心对待工作，就能干一行、爱一行、专一行、精一行，不断查找自身工作中的问题与不足，努力学习，尽心尽力，把工作做得更好。

★以爱心对待环境与自然，就能感受环境与自然的美好，激发我们热爱自然、保护环境的热情。好环境有好心境，差环境有坏情绪。环境优劣对人的心态好坏影响很大。

★美德决定人品，爱心产生美德。

★合作是大势所趋，是取长补短，是共赢，是爱心和美德的体现；合作是多方面的，资金合作仅仅是一个方面。

★经理人缺乏爱心就会抱怨别人，出了问题就会把责任推卸给别人，而不是主动承担责任。

★人要创造美好就要不断用爱心唤醒潜能，激发创造力。

★心智修缮的过程就是培养爱心，坚持正面，养成学习、创新、热情三种习惯。展示美德的过程也是改变旧的思维方式、激发内心力量的过程。

★内心的力量是世界上最强大的力量，它可以改变自我、改变现状、创造未来，这种巨大的潜能只有通过不断学习才能挖掘出来。

★只要我们理解了心智修缮是伟大的创造性力量，那么一切皆有可能；如果不发掘自身的内在力量，任何人都是软弱无力的。

★人的一生最应该学会的是“爱”：爱自己，要以反省为主，学会自律，不断改变自己，学习创新；爱他人，要以尊重为主，关怀、关爱、包容他人；爱工作，要有热心，精益求精。

★自信是以信任为主。以信任别人为主，是自信；以信任自己为主，是自大。

★人一生要追求的是价值和自由，而不是名利。

★在对待金钱上，应明确：钱少时，钱是自己的；钱多时，钱就成了一种资源，是社会的。使用钱的能力比拥有金钱更重要。

★年轻时，人最大的财富是年轻；年老时，人最大的财富是朋友；而人一生最根本、最真实的财富，则是爱心。

★热爱工作，享受生活，珍惜每一天。我们每天都应该谢天谢地、谢大家、谢自己。

★做一个负责任的人，一个有益于大家的人，一个勇于改变自己的人，这是我们成功的基础。

★节俭是爱心行为中最基本的美德，要让这个美德成为每个人的习惯。

★创造价值是个人成功的唯一机会。创造价值就是给别人带来益处。

★忘记过去的成功，记住对别人的不利，适应别人的特点，改变自己的不足。

★学习书本可以增加知识，学习他人可以增强能力，反思自己可以挖掘潜力。

★大明白、小糊涂，这样的人大家都愿意跟他交往。小聪明、大糊涂，这样的人容易唯利是图，与他交往的人会越来越少。

★不断反思自己短处的人容易看到别人的长处，记得自己长处的人容易看到别人的缺点，这是心态问题。

★优点是大家共享的，缺点是个人独有的。你看到对方的是缺点，也许其他人认为这是特点，如果把别人的特点当成缺点，就会戴上有色眼镜看人，对人是不公平的。

★一个对别人有益的人是一个优秀的人，一个不断改变自己的人是一个能力不断提高的人。

★一个人能力的强弱决定生活空间的大小。只有不断拓展自己的生活空间，生活质量才能不断提高。

★一个人的能力强弱、优秀与否是别人的评价，不是自己的感觉，谦恭是为人的一大美德。

★做人应像成熟的谷子，能力越强越要低调行事；不要像秕子那样腹中空空却昂着高傲的头。

★人的情绪都有两面性，强化正面情绪，就能减少负面情绪。

★心态以正面为主时，就会感觉周围的人都是好人；心态以负面为主时，看周围的人就会戴上有色眼镜。

★一个人的价值是心态和能力的表现，心态就是一个人的品德，能力就是一个人的才能，一个有价值的人是德与才的结合。做人要做德才兼备的人，要做对别人、对社会有益的人。

2. 正面与负面

★正面就是凡事往好处想、往好处做。负面是自己享有，正面是大家分享。人做事正面就比较简单，做事负面就比较复杂。与正面的人交往可以产生共鸣，与负面的人交往难以厘清。

★对别人的正面首先要尊重，只有尊重别人，才能真诚地学习别人的长处，不断改变我们自己，提高我们自己的能力。改变自己、学习别人是一生的事情。

★对别人的负面状态一定要忍耐，并用正面去影响他，满怀希望地期待其改变。

★每个人都有正面与负面，正面与负面构成一个全面的人。要力求正面多一点，负面少一点。

3. 心智与财富

★今天是昨天的结果，明天是今天的结果。

★心智的巨大潜力是持续不断开发与锻炼的结果。

★许多人不懂得自我反思，这是他们不富有的主要原因。

★关注今天，因为生命就在于今天；生命的真正意义，就在于今天短暂的历程之中。

★一切力量正如一切软弱一样，皆源于内心。一切成功正如一切失败一样，也同样来自内心。一切成功都是内心的展开。

★财富不可捉摸的特性，使它特别容易受到思想力量的影响。许多人能够在一两年内获得其他人一辈子也无法获得的财富，归根结底，皆源于心智的创造力量。

★财富获得也是有规律的。一个人应该为自己创造所需要的东西，而不是从别人那里拿走任何东西。

★知识靠学习得来，能力靠实干得来，智慧靠修炼得来。知识和能力都有两面性，既可以创造价值，也可能带来灾难，而智慧永远是正向的。往好处想、往好处做，是最大的智慧。

4. 情与义

★情是利己利人，在双赢中把自己放在第一位，把别人放在第二位；义是利人利己，在双赢中把别人放在第一位，把自己放在第二位。要做有情有义的人，不做无情无义的人。

★做事要七分理性，三分人性；做人要七分人性，三分理性。管理的原则就是管人管事的原则，管人既不能过分理性，也不能过分重情。

5. 关于成功

★爱心是基础，正向是根本，遵循共赢原则是关键，不断学习改变自己是动力，这是个人成功的唯一途径。

★任何人都喜欢跟有爱心的人交往，有爱心是成功人士的显著特点。

★凡事往好处想、往好处做是正向的基本要求。正向是成功人士的必备素质。

★正向的思维引导正向的过程，正向的过程产生正向的结果。

★共赢就是利人利己，是天下公理、成功之道。

★评价我们的主体永远是别人，是否成功应由别人评说。

★成功有其社会属性，不是单纯的个人行为。如果把成功当成自己的就会沾沾自喜甚至骄傲自大，就会遭到嫉妒。

★获得一点成绩就沾沾自喜是自私的表现，是缺乏爱心的行为。

6. 企业价值

★企业不能把利润放在第一位，价值才是企业的追求，追求价值是为了明天的发展空间。企业应该把人力资源放在第一位，因为人是企业发展壮大的决定性因素。

★企业存在的意义就是培育人，不断地改变员工的心态，提高员工的能力，多为别人着想，为社会着想，给社会带来利益，促进社会的发展。

★企业要把提高员工素质放在首位，创造良好的学习环境和氛围，并不断探讨员工之间、企业之间相互学习、借鉴的渠道和方法。

★企业是责任的组合，不能把企业变成是非之地，企业内部不要争论对错。做企业最怕论是非，论是非就会把企业变成是非之地。

★企业要生存必须得到消费者的信赖、社会的认可，为社会提供物美价廉的产品。

★企业是人品与产品的组合，人品决定产品，因此，企业要坚定不移地把人放在第一位。

★企业家的责任不仅是做出好的产品，更重要的是，要以正面心态去影响、引导员工。

★企业的目的是创造价值，因此企业不要跟恶斗，跟恶斗的成本太高。

★不断发现工作中的问题是我们的责任。只有不断解决工作中的问题，企业才能持续发展。

★遇到问题找别人的原因是推卸责任，查找自己的问题是承担责任的表现。

★培育企业文化的目的就是要将员工的心态调正。

★企业要多为员工着想，多为员工负责。

★企业最大的吸引力、凝聚力来自企业的不断发展壮大。

★不断改变企业的现状，为大家搭建平台、带来利益，是企业核心竞争力的基础。

★如果把企业看成自己的，那么责、权、利都是自己的，这样的企业难以形成团队精神，没有团队精神的企业就做不大。

★企业的美誉度就是企业的无形资产，没有美誉度的企业也就没有无形资产。

★亚太中慧应当成为培养中产阶级的摇篮，中产阶级应当是不断进取、不断改变自己、不断提高自己能力的阶层。当员工有了相对较高的收入后，就会稳定、和谐，这是企业对个人、家庭、社会和行业负责的表现。

★让大家有事干、有钱花、有车坐，家庭、团队其乐融融，这是亚太中慧的努力方向。

人才与团队

1. 关于自我

★过分重视自我是不自信、不善待自己的表现。

★过分看重自己的能力，就会不断给自己施加压力，长此以往，就会身心俱疲。人的心理健康是以宽松、自由为前提的。

★总认为自己能力强就会事必躬亲，就会成为强人，不仅自己累，还会束缚别人的创造力、积极性。

★总认为自己能力强是骄傲自大的表现，遭别人嫉妒是必然的，因此，要不断调整自己、改变自己。

★看到别人的长处就容易尊重别人、向别人学习，跟别人沟通、合作，相互间就会变成朋友，并逐渐产生友情。

★自我感觉良好就会自以为是，由能人变强人是自以为是的结果。

★美好心灵是多看别人的长处，时常反省自己的不足，并不断学习别人、改变自己。

★改变自己要从心开始，首先要调整好自己的心态。

★心态正面与负面会导致两种截然不同的结果。

★老老实实做人、踏踏实实做事是做事正确的前提。

★好习惯是“逼”出来的，坏习惯是“惯”出来的。

★做事的价值大于赚钱的价值。

★人一过分就会遭到别人嫉妒，人实在就会得到别人同情。

★一个人的价值是个人心态和能力的表现，心态是一个人的德性，能力是一个人的才能。人最怕有才无德。德才多寡与一个人在社会上受尊敬的程度成正比。

★人分层次是封建的表现，人应该是自由的，人与人的关系应该是和谐、平等的。

★追名逐利是心态调整的天敌，追名容易让人变得虚伪，逐利容易让人以自我为中心。

★只要为别人着想，多一点以他人为中心，名利自然会来。对名利一定要顺其自然，否则就会想不开。对追求名利的人，别人嫉妒得多，理解得少。

★对人与对事要分开，对人要平等、坦诚，对事要热心、积极。

★改变自己是发挥个人能力的重要途径，改变自己、把握正面是挖掘个人潜力的唯一渠道。

★权力是责任、是利益，形成权力时，要把责任放在第一位，所谓利益，是员工的利益，用户的利益，社会的利益；面子是麻烦的根源，看面子就是看关系，关系会错综复杂，做企业要看能力而不是看面子和关系。

2. 关于自大、自负与自信

★自大容易产生骄傲、自夸；自负容易产生抱怨，容易怀疑别人，过分相信自己。

★自信能够相信自己和别人，能够树立自己和别人的信心。

★自大的人容易自负，自大、自负多了，自信就少了。自大容易固执己见，自负总想改变别人，二者均是负面的。我们应多提倡正面，减少负面，多一点自信，少一点自大、自负。

★对外，不要与自大、自负的人比高低、论短长；对内，要多用正面去影响自大、自负的人，让他们调整心态、改变自己。

★自大的人是自以为是的人，故步自封的人，不容易改变自己的人；自负的人是怀疑别人，找别人缺点打击别人的人。二者都是团队的天敌。

★自信对自己、他人都有利，自大、自负只会不断地给自己造成伤害。

3. 长处与短处

★发现对方的长处就容易沟通合作，只有发现自己的不足就容易改变自己。

★发现自己的长处就容易骄傲，发现对方的短处要大度包容。

★企业家最忌讳的是光看到自己公司的长处，看不到自己公司存在的问题。

★相处要取长补短，对人要以发现长处为主，发现对方长处、发现自己不足是正向心态。

★发现自己工作中的长处就会自我感觉良好，只有发现工作中的不足才会有危机意识。

4. 能人与强人

★能人树威信，强人树权威。

★能人做事靠大家，强人做事靠自己。

★能人事越做越大，强人事越做越小。

★能人管理靠威信，强人管理靠控制。

★能人是永不满足的人，强人是自以为是的人。

★能人是正面的，强人是负面的。

★能人教人自信，强人教人自卑。

5. 关于领导

★敢用善用能力强的人，是一名领导者应有的责任。

★做领导最忌讳顺我者昌、逆我者亡。

★遇到事情想办法解决是一个人能力的展示，一个合格领导遇到任何问题都要与团队一起积极想办法尽快解决。

★遇到问题先找理由是推卸责任的表现，遇到问题先查找原因是领导不负责任的行为。遇到问题要先承担责任，以最快速度找出解决问题的办法并付诸实施。

★一个不愿承担责任的领导是一个不称职的领导。

★领导的主要职责就是对事、对人的协调，做领导要善于发现问题。

★发现工作中的问题是领导的责任，解决问题是大家的责任。

★员工能力有大小、水平有高低、个性有差异，不要把员工的个性特点当成缺点。

★管事的人首先要会做事，不会做事就不能管事；管事的人要多做好事，不做好事就难以服众。

★管人的人首先要做好人，要富有爱心，坚持正面，给别人带来益处。

★每个企业从成立开始都会问题不断，这是正常现象。问题就是机会，它给每个人提供了解决问题的机会。内部解决不了，我们就要请外部人士来解决，能人就会不断进入，企业就会充满活力。

★企业要不断引进人才，新人进入将会带来新思维、新观念。企业因此才能保持活力。

6. 能力与潜力

★能力是今天的，也有其保质期，不用就会作废。只有不断提高，能力才能持久。潜力是明天的，潜力来源于好的心态。潜力是无限的，它需要不断挖掘。

★人的能力越强，自由空间越大，自由度越高。

★专业人员应当把精力放在专业上，而不是去当官或经商，这是市场经济专业化、细分工的必然要求。

7. 用人之道

★人才决定企业层次。一个企业用县级人才就是县级企业，用省级人才就是省级企业，用国内人才就是国内企业，用国际人才就会做成国际企业。

★一个企业、一个区域人才数量的多少决定了它的价值与竞争力。

★善于用能力比自己强的人是一个企业家胸怀宽广的标志。

★培养人才的途径有两条：一是引进，二是内部培养。用人要理性，要坚持公平的原则，用其所长，唯贤是举。

★员工收入也属于企业收入的范畴，不能视作企业成本。人才是能创造价值的，即使当下并不明显。

★企业只有不断给有能力的人提供机会才能获得持久的生命力。所谓好企业，就是能够不断给大家提供施展才能的机会。

★能力强的人优点与不足往往都很突出，用人就要多看长处、少看不足，让其才能最大限度地发挥。

★能力强、收入高才能实现平衡与和谐。

★跟比自己能力强的人合作是以他人为中心的表现，跟比自己能力弱的人合作是以自我为中心的表现。

★环境可以改变人，人也可以改变环境。一个良好的居住、工作环境可以使人心情愉快、积极、向上、相互关心，取得高效业绩；反之，差的环境也能让人消极低沉、散漫懒惰、相互漠视、疏于沟通。

★帮助与替代会导致不同的结果。帮助他人是以他人为中心，以关怀、关爱为主，所以会受到大家欢迎；替代别人是以自我为中心，给别人带来威胁，抢别人饭碗，所以会惹人厌烦。

经营与管理

1. 关于董事会

★董事会的职责是设计明天，如果明天设计不好，企业离破产就不会太远了。

★董事会工作的主体是员工，引导员工积极正向、加强修养、提高能力、调整心态是董事会的工作；经营者的工作主体是产品，我们的产品定位是畜牧业及相关产品，要做到物美价廉，拥有广泛的市场。

★董事会的职责是懂事，就是要把握企业方向。这个方向一定要给别人带来益处。对于经营团队的工作，董事会要帮助，但不能替代，否则，就会让经营团队无所适从。董事会只有放开手脚，经营团队才能发挥作用。

★在企业里，经营团队的职责就是干事。干事不仅要干，还要学，要向干得好的人学习。只有这样，才能不断提高我们的能力，把事干得更好。

★董事会应以稳健为主，经营团队要以活力为主。

★不能以利益为中心，实现价值才是我们的目的。

★企业文化是对自己讲的，不是对别人讲的，讲给别人容易自夸，对自己讲才能增强执行力。

2. 关于威信

★威，是使周围的人能力专长得到最大限度地发挥；信，是要给周围的人带来利益。威就是责任，信就是要抛开自我，以他人为中心。

★只有建立威信，周围的人能力专长得到发挥，才能建成团队。威信的建立需要时间，对个人的品格是持久的考验。

3. 经营的中心

★经营是以省钱为中心，创造价值为目的；管理是以解决问题为责任，理顺关系为目的。

★竞争是对内的，不是对外的，是自己与自己竞争，目的是不断强化活力、改变自己。

★企业经营好了是社会的，经营不好就是自己的。

★好的企业就是让干事成为一种习惯，管事的人越来越少，干事的人越来越多。

★要善于用比自己能力强的人，一定要舍得请人，为能力强的人提供施展才能的舞台。

4. 管理重在理

★管理重在理，不在管，应少管多理。管理是疏导、理顺，是具体情况具体对待，是因势利导。

★公司是一个平台，是大家施展能力的地方。

★有效沟通是用心沟通。

★严格管理，养成习惯就成了规范。

★管理以爱心为基础就处于正面状态，管理就是有效的；管理以自我为中心就处于负面状态，管理就是无效的。

★管理是我们主动找工作去做，而不是让工作找我们。

5. 不要争斗

合作产生和谐。不要跟别人斗，特别是不要跟小人与恶人斗，斗的结果是你死我活，争的结果是两败俱伤。

6. 不做“和事佬”

对待工作不能一味地“好好好、是是是”，凡事做“和事佬”就是不负责任。

市场与营销

1. 关于市场

★市场是因，经济是果。

★今天的市场是明天的经济。必须先发展市场，随着市场的建设再获得合理的经济回报。

★市场健康经济就有序，否则就无序。

★被利益驱动就会把明天的经济当成今天的结果。

★市场经济需要的是能力、知识和团队合作。

★健康养殖是市场变化对我们专业人员提出的必然要求。

★企业是一个平台，与用户、供应商、政府等共同构成利益共同体，彼此之间应相互尊重、相互学习、相互依存、共同发展。利益的一致性要求我们把每个环节都衔接好，唯此，才能做事简单，降低成本，生成和谐。

★客户不是上帝，我们与客户是平等的，是相互学习、相互依存、共同发展的关系。

2. 关于养殖

★养殖场管理、生活要义：

管理要义：爱心、理性、信用、平等、整洁、学习、真诚。

生活要义：关爱、包容、互助、自由、健康、快乐、和睦。

★养殖场具有特殊性，养的东西是活物，工作时间就应是弹性的，作息时间应根据实际灵活安排，不能像工厂那样规定硬性作息时间。

★动物不会说话，所以做养殖工作是凭良心做事，是良心互换的过程。只要你对它们好，尽心尽力，就会收到意想不到的效果。

投资与发展

1. 合作与做人

★合作是多方面的，可以是资金、技术、物流、人力资源等方方面面，合作能最大限度地降低成本。

★好人与坏人其实是一个人，主要看如何引导。往正面引导就是好人，往负面引导就可能变成坏人。

★好人是有爱心的人，是不断改变自己的人。

★未来的合作是好人之间的合作。爱心修炼的目的就是要让自己成为一个好人。

★好人以反思自己、尊重他人、学习他人、改变自己为特征。好人想的、做的都是为别人带来益处。

★好人之间的合作简单、透明，结果是共赢。

2. 企业发展

★做企业就是做人做事。做人就是做对社会、对他人有益的人，做事就是做对社会、对他人有益的事。企业首先要考虑给社会、他人带来什么，而不是先考虑从别人身上得到什么。

★企业发展初期一定是企业找市场，企业成熟之后便是市场需要企业。企业要持久，就必须不断给市场创造价值，给别人带来益处。

★员工利益比企业利润更重要，要给员工增加工资，提供培训机会，不断提高能力，搭建发展平台。

★企业要以能力作为用人的标准，不能以亲情和关系替代。生活与工作一定分开，亲情体现在生活中，能力体现在工作中。

★奋斗与拼搏，实际都隐含了“斗”的因素。我们提倡用“努力”代替奋斗，用“积极”代替拼搏。

★与别人争斗，别人就会成为你的敌人；与别人竞争，别人就会成为你的对手；向别人学习，别人就会成为你的朋友。

★企业有三种类型：第一种是传统型企业，这类企业脱不开家族管理的影子，视野受限，注重利益，难以做强做大；第二种是科技型企业，这类企业注重专业人才的使用，注重产品的创新与开发，但科技一定要与现代企业管理结合才有生命力；第三种是现代企业，现代企业是现代企业管理与科技创新相结合的企业，这类企业实行两权分离，董事会把握企业发展方向，经营团队经营管理企业，重视企业文化与团队建设，不断创新、改变自己，善待员工、融入社会，这才是最有生命力的企业。

附录 1

亚太中慧企业文化框架

一、企业愿景

健康食品，幸福生活。

二、经营使命与目标

使命：以专业化、合作化、规模化、标准化为导向，加快农牧产业的发展和提升。

目标：打造以规模养殖和健康食品为核心的全供应链食品企业。

三、企业精神

正面、实干、开放、创新。

四、核心价值观

爱心、创值、共赢、和谐。

五、人力资源开发和团队建设

人力资源开发：建立促进优秀人士成长和发挥聪明才智的平台，

感召有志于行业发展的专业人才回归。

团队建设：充分尊重人的个性，发挥专长协同效应。

六、发展理念

发展模式：规模经营、示范带动、股份合作。

发展策略：人才第一、文化牵引、价值驱动。

发展同盟：自己、员工、用户、供应商、同行、政府。

七、经营理念

服务融合、成本领先、质优价廉。

以市场占有为中心，以用户满意为目的。

八、管理理念

崇尚能力、发挥专长、理性运作、优胜劣汰，

反对封建、淡泊名利、强化责任、责应其利。

附录 2

亚太中慧企业文化纲要

第一条：爱心是基础，正面是原则，创新是动力，双赢是结果。

★用爱心对待自己，要改变自己，不断学习，自我提升。

★用爱心对待工作，要敬业爱岗，精益求精，不断超越。

★用爱心对待家人，对父母要孝敬，对子女要尽责任，对爱人要真诚。

★用爱心对待他人，就要以他人为中心，尊重、学习他人，给他人带来益处。

★正面就是要凡事往好处想、往好处做，期待好的结果。

★把本职工作做得更好、让别人更满意就是创新。

★共存共荣、共同提升就是双赢。

第二条：企业是社会的，责任是自己的，人才是自由的，资本是流动的。

★不断发展壮大，是企业最大的吸引力和凝聚力。

★企业赚钱是大家的，亏损是投资人的。

★企业是展现才能的平台，平台是开放的，员工是自由的。大家一起工作是同事，离开之后仍是朋友。

★资本是活水，只有流动起来，才能带来更大价值。

第三条：生存第一，持续发展。制造良品，培才育德。

★生存就是活着，活着才有机会。

★搭建新平台，发现新机遇，凝聚新团队。

★做用户需要的好产品，为用户创造价值。

★好的企业不仅生产好产品，还要培育有爱心、有技能、对家庭和社会负责的好人。

第四条：市场经济两铁律——对人，优胜劣汰；对物，质优价廉。

★懒惰、不思进取是市场经济的天敌。

★市场经济需要的是能力、知识和团队合作。

★市场经济，谁卖高价谁垮得快。

第五条：企业发展三要素——人才，是企业发展的根本；市场，是企业发展的空间；资本，是企业发展的推力。

★人才是企业第一财富，在企业生存发展三要素中的权重为60%。

★有什么样的人才，就有什么样的企业。

★市场是企业生存发展的空间，在企业生存发展三要素中的权重为30%。

★企业不要追求做大、做强，市场要做实、做细、做好。

★资本是企业生存发展的血脉，在企业生存发展三要素中的权重为10%。

第六条：个人收入是个人发展的原动力。

★员工收入属于企业收入，不是企业成本。

★个人收入是个人价值的体现，个人收入提升是个人进步的杠杆。

第七条：管靠权力，理靠能力，少管多理，先示范后规范。

★管理，是以解决问题为责任，理顺关系为目的。

★管理，是我们主动找工作去做，而不是被动地等工作找我们。

★好的企业要让干事成为习惯，管事的人越来越少，干事的人越来越多。

★示范就是教人干，规范就是照着干。

第八条：淡化权力，强化责任。

★企业里没有权力，只有责任。职位越高，责任越大。

★责任需要个人承担，以大家名义承担就是不负责任。

第九条：发现问题是责任，解决问题是工作。

★遇到问题，要先有方案，迅速解决，后查原因。

★问题就是机会，解决问题是能力的展现与提升。

★遇到问题找别人的原因是推卸责任，查找自己的问题是承担责任的表现。

★发现问题是个人的责任，解决问题需要团队协作。

第十条：精明人精打细算，以自我为中心，靠自己；聪明人能学能干，专业化细分工，重团队；明白人淡泊名利，想得透看得远，善用人。

★精明人干事主要靠自己和家人，凡事亲力亲为。

★聪明人属于专业人士，脑瓜好用又善于学习，靠团队成事。

★明白人为智慧一族，善用聪明人做事，是团队的“师”或“帅”。

第十一条：高层自省，做人修心；中基层自律，遵纪守法。

★反省要以爱心为基础，以对别人有益为标准，以学习标杆为提升手段。

★只看自己的长处容易自我感觉良好，发现自己的不足才会有危机意识。

★自律就是克己，不让内心自私的欲望膨胀起来。

第十二条：干一行、爱一行、专一行、精一行。

★工作是立身之本。

★专业化细分工，有一技之长走到哪儿都有饭吃。

★人只有认真做事才值钱。

第十三条：小事凭个人努力，事业靠团队协作。

★团队事业是长久的，强人企业是短命的。

★团队协作共识：相互尊重，相互关心；相互影响，相互学习；发挥长处，共同发展。

第十四条：品质求真，服务唯实。

★人品决定产品，产品展示良心。

★服务就是为别人着想。

★服务水平的高低体现在细节上。

★过度服务容易变虚，用心服务才实在。

第十五条：人无我有，人有我优，人优我廉，人廉我转。

★成本比别人省一点，质量比别人好一点，价格比别人低一点，转变比别人快一点。

第十六条：融洽六大关系，处世和谐有序。

★对自己，以改变为主。

★对员工，以关爱为主。

★对用户，以提升为主。

★对供应商，以平等为主。

★对同行，以尊重为主。

★对政府，以倾听为主。

第十七条：外圆内方——对外圆润亲和，对内正直守律。

★做人做事恰到好处。

★己所不欲，勿施于人。

★影响力与亲和力是重要的软实力。

★对内严格要求，不做和事佬。

第十八条：少与别人竞争，唯一的竞争对手是自己，评价自己的主体永远是别人，昨天的成功是今天最大的绊脚石。

★与别人争斗，别人就是你的敌人；与别人竞争，别人就是你的对手；向别人学习，别人就是你的伙伴；关爱帮助别人，别人就是你的朋友。

★一个人的能力强弱、优秀与否，要看别人的评价，不能凭自己的感觉。

★放下昨天的是非成败，把握今天的点点滴滴，才有明天的美好与希望。

第十九条：学公德，守道德，修品德，养美德。

★学公德，要讲文明、懂礼貌、守法纪。

★守道德，要持续学习、不断反思、努力修炼。

★修品德，要保持正向的心态。

★美德决定人品，爱心产生美德。

第二十条：学习书本长知识，学习他人长能力，反省自己长智慧。

★知识源于书本，能力来自实践。

★知识要活学活用，知识转化为能力，才能体现出价值。

★学习他人长处，提高自我能力，努力做一个自由人。

★能力是今天的，只有不断提高，今天的能力才能持久；潜力是明天的，只有保持好心态，潜力才能不断挖掘。

★反省是为了避免重复昨天的错误。

第二十一条：名利是人生两大陷阱，能力美德伴随一生。

★追名，让人变得虚伪；逐利，让人变得自私。

★钱少时，是自己的；钱多时，是社会的。

★使用钱的能力，比拥有金钱更重要。

★能力，决定了生存空间的大小；美德，决定了受尊重的程度。能力和美德，决定了一个人的价值。

第二十二条：人做事，天评断。好人做好事，一定有好报。

★良心的折磨是最大的天谴。

★做对人有益的事，内心才会安宁。

后　记

2017 年 5 月 17 ~ 19 日，笔者带着朝圣般的虔诚前往中国的思想与道德高地——山东，专程拜访了中国农牧企业的精神导师张唐之先生。之后，又借机前往曲阜，参拜了“万世师表”孔圣人。

17 日下午一到潍坊，笔者就被张唐之先生的特别助理赵猛先生和亚太中慧集团企业文化总监薛兆营先生领到了风景如画的“根源小院”。那时是下午 3 点左右，200 亩的“根源小院”凉风习习，花香四溢，清澈的喷泉在不远处欢快地跳跃着。抬头时，湛蓝的天空、洁白的云朵映衬着青色的远山，令人心旷神怡。

走近一看，在转弯处的凉棚下，我十分崇敬的张唐之先生正在那里与人谈话。陪同的友人说，他就要在那里接见我。

这一切，都让这次“朝圣之旅”有了一个良好的开端。

实际上，这次“朝圣之旅”的种子在很早之前就埋下了。

早在 20 多年前，作为《希望集团报》的总编，我十分关注农牧行业的优秀内刊。那时，当我在《六和通讯》上读到张唐之先生的谈话时，就常常有耳目一新之感，比如“要把客户当作不领薪水的员工”“员工的工资是企业的收入而不是成本”等。他的许多独特见解都给我留下了深刻印象。

从那时起，我就特别留意他的观点，并刻意积累起来，并不时拿出来“反刍”一下，越咀嚼越觉得有味道。老实说，每当读到这些温暖而又充满智慧的文章时，我都会心生一份敬意、一种向往。

时光荏苒，岁月无痕。一直到 2010 年的 10 月 17 ~ 18 日，正巧有机会陪同华西希望集团董事长陈育新先生、总裁王德根先生前往张唐之先生在山东平度的乡间别墅，去交流企业经营管理心得，我终于得到了两天近距离了解张唐之先生的机会。由于动过手术，当时他的健康尚未完全恢复，但精神状态却非常好。谈起农牧行业发展和企业经营管理时，他两眼炯炯有神，思路清晰而深刻，让我亲眼看见了其坦荡、睿智的风采。

2011 年“五一”期间，我还有幸与众多饲料企业大腕——刘永好、刘汉元、温鹏程等一起，见证了六和集团与新希望集团合并成新希望六和集团的盛况，并随同这些大腕一起攀登了峨眉山。途中，我特别留意张唐之先生的一举一动。他乘坐着四川特有的滑竿，一路上与夫人黄萍女士及随行人员有说有笑，谈笑中甚至不乏童心和童真。此时此刻，人们根本看不出他主动出让六和集团主导权的痕迹。

之后，我还在类似根源企业联谊会之类的场合见过张唐之先生几次，但却一直没有深谈的机会。这次赶上了如此难得的机会，理应好好请教一下他。

为了表述方便，我借用对话的形式来呈现下面的内容。

笔者：唐之先生，经营管理企业到底有没有至简的大道？

张唐之：“人在做，天在看。”有人问真的有“天”没有，“天”

应该是什么，我说“天”是众人的目光，是良心的评判，是道德的奖惩，是社会公理，是自然规律。这个“天”是存在的，是公道的，它左右着我们的一切！

笔者：您能否结合社会风气和行业现状，再深入分析一下？

张唐之：“举头三尺有神明”，人无论做什么事，老天都在看着。老天是公道的，人做了坏事终究要遭到报应，做了好事，付出了，最终会得到回报。如今大家对“天”似乎不害怕了。因为中国人大多没有了信仰，对什么都不惧怕了。很多人做起事来，为所欲为，天不怕地不怕，什么事都敢做。但凡有信仰的人大多性格善良，心境平和，为什么？因为信仰教育感化着他们。信仰上帝的人，他们认为自己的一举一动都在上帝的关注之下，上帝会对每个人的所作所为做出公平公正的评判，并会根据人的所作所为对其进行相应的奖惩。“为人不做亏心事，半夜狗叫心不惊”“多行不义必自毙”“害人者终害己”。人只要做了坏事，上天一定是知道的，最终“天”一定会惩罚他，所以坏人做不得。做事正向的人，光明磊落，坦荡无私，心情舒畅，一生会生活在幸福平安之中。因此才有人说，要想长寿，只能做两种事，一是做对得起良心的事，二是做晚上能睡得着觉的事。

笔者：这与基督教所倡导的爱心文化有关吗？

张唐之：十几年前，由于一场手术失误，正值事业蓬勃发展阶段的我一下子躺在了病床上，这让我极度烦躁。当时恰好碰到了一位传教士，他将我领进了基督教文化的世界，并将爱心文化播进了我的心田，我也因此解除了烦躁的困扰。做人做事要有爱心，用爱心对待自己，用爱心对待他人，用爱心对待工作，用爱心对待生活。爱心重在培养和修炼，醒悟自己、认识自己、反思自己、改变自己，不断改正自己的缺点和错误，让自己成为一个有爱心的人。有了爱心，在爱心的包围之中，人就会感到世界的美好，心态就会平和，做事就会正向、自信、积极，事业就会一帆风顺，这便是爱心给人的回报。

笔者：噢，我明白了，基督教解决的是人的出发点问题，这便是亚太中慧集团“爱心”文化的缘起了。那么，亚太中慧集团的“内求”文化与佛教有关吗？

张唐之：儒家解决的是人与人的关系问题，道家解决的是人与自然的关系问题，佛家解决的则是人与自己的关系问题。遇到问题，怪谁都不如怪自己，修炼好自己是解决一切问题的开端。好人与坏人其实是一个人，你给了好的环境他就是好人，你给了坏的环境他就可能变成坏人，这便是企业文化的力量。

笔者：那么，亚太中慧集团的“利他”文化一定与道教有关了？

张唐之：我很早就读过《道德经》，老子的智慧给了我很多启迪。做企业其实就是“以其无私，故能成其私”，利他就是利己，并且是高层次的利己。你给予别人的，最后都会回到自己身上。

笔者：作为孔孟之乡的子弟，儒家学说肯定早已深入了您的血脉？

张唐之：企业领导人发现问题是责任，解决问题是能力，全力以赴做好工作是其他一切事情的基础。

我们发现，张唐之先生将东方文化与西方文化恰到好处地融合在了一起，中西文化在他身上真正实现了优势互补，并且相得益彰。

我认真研读了张唐之先生的几乎所有讲话，将他的思想归纳成了十个字：爱心、内求、利他、人才、合作。根据这十个字，我将他的思想分成了五大部分：爱心是发展的原点，内求是成功的诀窍，利他是前行的方向，人才是不竭的动力，合作是持久的法宝。

后　记

张唐之先生认为，爱心是个人成长与企业生存发展的基础，世界上一切美好的、生命力持久的事物都源自人们的爱心。他说，人越有爱心，其自由度也越大。爱心主要体现为：爱心对待自己，爱心对待工作，爱心对待家人，爱心对待他人。他说，企业取得成功虽然需要很多因素，但核心因素是爱心，可以说爱心是所有成功因素的基础。

那什么是内求呢？内求就是自我反省，自我反省就是要经常反思自己在做人做事中的得失，以便把事情做得更好。他说，自我反省是人类进步的阶梯，人类社会的任何一点进步都是从自我反省开始的。

在生活中，自私的人往往不受欢迎，而能成大事者多是心里时刻想着别人，愿意为别人“玉成其事”的人。久而久之，他得到的不仅是别人的尊重和信任，还会获得更大的生存发展空间。他说，以他人为中心、为他人创造价值是个人和企业生存发展并取得成功的基础。一个人、一个企业乃至一个行业，只有为他人、为社会创造价值，满足他人需求——利他，才能获得生存和发展的土壤。一个人只有为他人创造价值，为别人带来利益，自身的价值才能得以体现，并在这种创造中获得满足和成功，一个人才活得有意义。

人才是企业发展不竭的动力。张唐之先生说，人才、市场、资本是企业发展的三要素，而人才又是其中的重中之重，比重占到百分之六七十。人才不仅决定了企业的今天，还决定了企业的明天；人才不仅决定了企业能否立足，还决定了企业能否长久。在企业内部，张唐之先生对人才提出了“四化”要求：私有化、年轻化、专业化、亲情化。他说，私有化决定企业活力，年轻化决定企业未来，专业化决定企业高度，亲情化决定企业厚度。

合作是持久的法宝。张唐之先生认为，合作是人世间非常美好的事情——合作可以交流感情、增进友谊，合作可以互相学习、取长补短，合作可以提升能力、创造机会，合作可以拓展事业、促进共赢，合作是市场经济的必然要求。他认为，合作是市场细分化的必然要求，市场经济的高速发展使市场越分越细，合作因此显得越来越重要。

由于张唐之先生长年居住在中西文化水乳交融的新加坡，又时刻关注国内农牧行业的发展状况，所以他关于我国农牧行业的思考总有“旁观者清”的优势。到达潍坊的次日，在用早餐时，亚太中慧集团董事长特别助理，兼具企业家风采和学者风度的黄燕女士对我说：“你晚来了一会儿，董事长刚刚从农贸市场回来，他每天一大早都要到农贸市场走一圈，去那里观察了解农产品的市场动向。”噢，原来如此！看来，张唐之先生并非只是一个纯粹的“思想家”，其实也是一个清醒的“观察家”。

2016年年底，企业管理出版社出版了我编著的《刘永行说》，市场反应意外的好，这激发了我将张唐之先生的文章编辑成书的冲动。我觉得《刘永行说》与《张唐之说》刚好相映成趣——一个阳刚伟岸，一个海纳百川；一个是精益化管理的巨匠，一个道德与智慧的化身。如果能将这两本书结合起来阅读，一定更有味道。于是，兴奋不已的我立即联系好友——张唐之先生的特别助理，原亚太中慧集团企业文化总监赵猛先生，我的同乡好友，原亚太中慧集团人力资源总监沈福萍女士，现任亚太中慧集团企业文化总监薛兆营先生。我的想法得到了他们的大力支持，几位好友开阔的胸襟深深地感动了我。此时此刻，我只有感叹：山东真正是中国思想与道德的高地！

当我请赵猛先生和沈福萍女士用一句话来形容一下他们心目中的

张唐之先生时，赵猛先生毫不犹豫地说：“是不按常理出牌。”沈福萍女士则说：“是先知和对人性的准确把握。”当我将本书的目录发给正和岛高级合伙人、青年经济学家贾林男先生看时，他说：“这本书特别‘朴’——朴素、朴实。”

于是，在大家的支持下，我便开始了长达几个月的辛勤耕耘——收集归类、梳理打磨，并试图将点连成线，将线连成面，将面连成体，并给予动态的时代背景。其间，也有人问我为什么非要编这本书，还有人直接问我有没有得到张唐之先生的授权。熟悉我的友人也劝我“不要自找苦吃——既劳神费力，又不赚钱，何苦呢！”实际上，这就像一个没有宗教信仰的人在问一个有宗教信仰的人为什么要信教一样，不怎么好回答。老实说，只有我自己知道，如果这本书编不出来，痛苦的不是别人，而是我自己——我已经有了非编出来不可的信念。

幸好，亚太中慧集团这方面的基础工作颇为扎实，很多稿件本身就非常好了，这免去了我从头做起的艰难。老实说，我与薛兆营先生并不是特别熟悉，但他却毫无保留地将自己所掌握的全部资料给了我，这让我非常感动。其实，这些文章本身就是亚太中慧集团历任企业文化总监——周成海、赵猛、薛兆营，以及其他很多同事共同积累起来的，在企业内部他们有一个共同的名字——任远，黄燕女士、赵猛先生、薛兆营先生和我只不过是“集大成”者罢了。

我们坚信，这本书可以造福更多中国企业。我想，在市场经济日趋成熟的今天，出版这样具有价值引领意义的书就更有意义了。

我要在此特别说明，由于技术性原因，张唐之先生文稿的记录整理者未能一一列入编著者名下，我对此表示深深的遗憾。他们的付出是本书能够面世的基础，我在此向他们表示诚挚的感谢。此外，由于本人的学养所限，本书在编写过程中，可能还存在不少对原稿理解上的偏差以至错误，也恳请张唐之先生及其文稿的记录整理者，尤其是广大读者批评指正。

拜访张唐之先生的行程远比预想的顺利。在潍坊的工作做完之后，赵猛先生放下手头的工作，执意要陪我出去走一走——我选择了曲阜。“天不生仲尼，万古如长夜。”作为一介书生，我得去朝拜一下中国文人的祖师爷。于是，我们 18 日夜直奔孔圣人的家乡——曲阜。次日晨，我们与来自全球各地的炎黄子孙一起参加了孔府的开城仪式。在动人心魄的音乐、亦真亦幻的舞蹈中，我稍一眯眼，两千五百多年前的情形便在眼前晃动，多愁善感的我居然有想要流泪的感动。

赵猛先生在当地的友人贾先生为我请来了最好的导游李先生，李先生讲起孔府来如数家珍，信手拈来都是故事。他讲一路，其他被感染的游客也跟着走了一路，足见其讲得有多么精彩。在镶有“万世师表”“斯文在兹”牌匾的大成殿前，我恭恭敬敬地留了一张影，并打算珍藏到永远。

山东钟灵毓秀，既养育了孔子、孟子这样的古代先贤，也养育了张瑞敏、张唐之这样杰出的企业导师，我要向这片土地上的人们致以崇高的敬礼！

回到成都有一周多了吧，我的心情才渐渐平静下来，也才得以写下上面的文字。说实在的，这次“朝圣之旅”令我回味无穷，也必将让我受益终生。

在此，我要特别感谢张唐之先生和陈育新先生、王德根先生，他们用博大的胸襟包容了我，让我这个默默无闻的书生有机会做这件功德无量的大事；我也要感谢为本书写推荐序和推荐语的陈春花老师、王育琨老师、秦朔老师、蔡辉益老师、付文阁老师、赵明老师、曾庆元老师、王中老师，他们都是我的良师益友；我也必须感谢企业管理出版社的徐金凤女士、黄爽女士、陈戈女士和我的助手郑静女士、陈晓莉女士、邹艳女士，她们为本书的出版做了大量细致入微的工作，令我感动在心。借此机会，我也要感谢我的好友陈志云先生、周尚书先生、陈宏先生、王辉华先生以及我的妻子、儿子，他们的支持和鼓励给了我默默耕耘的勇气和耐力。

凌　龙

2017 年 6 月 2 日　于反而书坊